ブックデザイン　中　新

目次

はじめに　～モノローグ集の成り立ち

二〇二〇年三月三〇日。新型コロナウイルス感染拡大により、ウインターターム最終週のレッスンは敢えなく中止に。そして四月七日、ついに緊急事態宣言が発令され、当面のレッスン中止を余儀なくされました。前代未聞の状況下、ウイルスの脅威に日々不安を感じながら、これまでの人生を振り返ってみたりして、空白になってしまった時間を自分と向き合いながら過ごしていました。

そんな中、インターネットでオンライン演技クラスが開かれているのを目にし、自分も何かしなくてはいけない、という強い思いに駆られながらも、やっぱり演技の練習は生でなければならない、オンラインでは到底無理だ……と自分に言い聞かせ諦めていました。

四月二十七日からスプリングタームが始まる予定であったにも関わらず、感染拡大の勢いは収まらず、対面クラスを開催することはできませんでした。芸能や芸術に携わる人達は、仕事や現場がなくなり不安になっているだろう、どうにか少しでも生徒たちと繋がれないだろうか。そんな思いと、生徒たちの強い要望もあって、オンラインクラス開催を決断しました。

　さて、ではそこで一体何をやろうかと考えたときに、以前、俳優に自身でモノローグを書いて来てもらい、それを演じてもらう練習をしていたのを思い出し、初回のクラスまでに生徒たちにモノローグを書いてくるよう課題を出しました。それをクラスで読んでもらうと、そのほとんどがとても個人的で、センシティブで、心に響くものが溢れ出し、オンライン上で、クラスが感動の渦に包まれるような感覚を味わいました。次にそのモノローグを、自分ではない他人に読んでもらう練習をしました。すると個人のモノローグが、違う人のフィルターを通すことによって全く違う作品になることに気づいたのです。大変興味深く、そういう点でもまた心を動かされました。

　その後、毎朝の散歩の途中にふと、写真からそこに写っている人物のモノローグを想像して書いてみるのも面白いのではないか……と思いつき、「人物写真からモノローグ」というレッスンも生まれました。

　七月某日。緊急事態宣言が解除され対面クラスが再開されたのも束の間、僕は濃厚接触者になってしまいました。検査結果は陰性であったものの、二週間の外出自粛を言い渡されたわけです。そこでまたオンラインクラスを開催することにしました。せっかくだったら今度は前回とは違うことをしたいと思い、俳優たちに「夢」をテーマにしたモノローグを書いて演じてもらうことにしました。

このようにして生まれた俳優たちのモノローグを見て「これをまとめたらきっと、リアリズム演技を学ぶ上での教材になる」と考え、今回このような作品集の誕生に至りました。

一つお伝えしておきたいのは、ここに収められているすべての作品は、俳優たちに「素晴らしい作品にする必要はない」と言って書いてもらっているということです。ましてや、出版され、人に読まれることを意識して書かれたものではありません。読む方によっては表層的で稚拙だと思われる作品もあるかも知れませんが、今回の主旨はあくまで、演技の練習で一番難しいと言われている「モノローグを演じる」ということで、その題材として取り上げておりますことをご理解頂ければと思います。

現在でも、クラスの初日には毎回、モノローグを書いてもらうワークをしています。自己紹介よりもはるかにその人のことが分かるからです。

この本には、巻末にモノローグの書き方、使い方を添付してあります。ぜひ演技の向上のためにお使いください。

BNAW主宰　ボビー中西

第一部

人にはみな、才能、独創性、言うべき大切なことがある

... everybody is talented, original, and has something important to say.

— Brenda Ueland, *IF YOU WANT TO WRITE*

コロナ禍

四月一日

浜中 くるみ

忘れもしない、四月一日のこと。
私の中の時が止まってしまった。

稽古は二月から始まった。
その時点ではまだ、コロナが少し話題になっている程度だった。
マスクもせずに、みんなで笑いあって、居酒屋で終電まで飲んで語って。
誰もが当たり前の未来を信じていた。

三月半ば、状況が変わってきた。
どんどんコロナが広がって、少しずつ、みんなが不安になってきた。
こんな状況の中で演劇をやっていていいのだろうか？

中止になる公演が増えてきた。あそこも、あそこも、あそこも。

何度もみんなで話し合った。やめたい人なんて、誰もいなかった。

信じるしかなかった。不安をやり過ごすしかなかった。


集中稽古も終盤になり、本当に素敵な作品が立ち上がってきた。

心からたくさんの人に観て欲しい。そう思える作品があと少しで生まれる。

来週には小屋入りして、一週間後には幕が上がる。

そう信じて毎日稽古に向かっていた。


そして、四月一日。

稽古はもうしなかった。みんなの本音をぶつけ合った。何時間も話し合った。

舞台はやりたい。でも、お客さんは呼びたくない。矛盾してたけど、それが本音だった。

やりたい人、不安の方が大きい人、いっそ中止にして欲しい人。いろんな意見があった。

全員が話し終わって、しばらく沈黙が続いたあと、主宰が口を開いた。

「わかりました。中止にしましょう」


空気が止まった。

中止、の意味を理解するのに時間がかかった。

誰かが笑いながら「エイプリルフール！」って言うのを待った。

誰も、言わなかった。


気づいたら泣いていた。自分の意思に関係なく涙が溢れてきた。

人生でこんなに悔しいと思ったのは初めてだった。

みんなの前で泣きたくなくて、大雨の中外に出た。傘もささずに、びしょ濡れで泣いた。

共演者にたばこをもらって一本吸った。思いっきり吸いこんだらひどくむせた。となんでもなく苦かった。悔しさが凝縮されたようなあの味は一生忘れないだろう。


その日から、時が止まってしまった。

私の中で生きていた役が、どこにも行けず、死んでしまった。そんな感覚があった。

どうにかしたかったけど、もう台本を開くこともできなかった。
舞台に立つということ。お客さんに作品を観てもらうこと。作品が生まれること。
当たり前のように思っていたけど、何一つ当たり前じゃなかった。
こんな状況になってみないと気付くことができなかった。

本当だったら千秋楽だった日を越えて、やっと日常が少しずつ戻ってきた。
ゆっくりとだけど、時が動き始めた。
少しずつ、少しずつ。泥のような毎日から、また一歩一歩進んでゆく。

メッセージ

小松　亮太

みんな元気しとる？

ちゃんと自粛しとる？

富山もコロナ流行っとるから気を付けられよ。なんでこんなん撮ったかっていうと、遺書書いたんやけど、なんか文字だけだと寂しい気がして、どうせなら動画でメッセージ残した方が、皆んなの思い出として残っていいかなって思って撮った。恥ずかしいけど最後まで見てね。

えーっと。

父さん、母さんこんなに大きくなるまで育ててくれてありがとう。二人の子供に生まれてきて本当に幸せやった。来世も小松家の子として生まれてきたいと思っとる。

反抗期もあって色々迷惑かけてごめんね。

公務員になれって言われたのに、役者なんて道選んでごめんね。

でもおれは後悔はしてない。生きてる間に売れはしなかったけど、夢を追う時間は不安も沢山あったけど、とてもキラキラして充実してた気がする。

だけど……やっぱり売れたかった。アカデミー賞の授賞式で、「父さん、母さん、とったよ。産んでくれてありがとう」って言いたかったし、海外旅行も連れて行ってあげたかったし、売れて「自慢の息子だ」って褒めて欲しかった。まだ死にたくない。悔しい。ちゃんと親孝行したかった。それが心残りです。

でも親孝行は、れいなとかながしてくれるはずだから、ちゃんとしてもらってね。愛してるよ。

次は、れいなです。

大学決まって良かったな。受験失敗して一浪した時、どうなるか不安だったけど、悔しさをバネにしてよく頑張ったな。えらいぞ。その頑張りを忘れるなよ！

あと、お菓子を食べ過ぎるなよ。太るぞ。ちっちゃい時、可愛かったから痩せたらモテると思うぞ。頑張って痩せろよ！

次は、かなえです。

なんか彼氏っぽいの出来たらしいじゃん？　家族みんな気になってたよ。ずっと気になったけど、聞けなかったの後悔してるわ。もし彼氏が浮気したらおれが呪っとくから安心して。

悪いけど、父さんと母さんとばあちゃんの面倒は頼むわ。れいなと協力してな。

次は、ばあちゃん。

帰省した時、毎回手紙書いてくれてありがとう。全部大事にとってます。ばあちゃんの愛がこもった手紙はおれの宝物です。

ばあちゃんが作る塩おにぎりすごい好きだったよ。生きてる間にもっと沢山食べとけば良かったわ。後悔してる。だからお墓に沢山塩おにぎり供えといてね。沢山沢山長生きしてね。

最後にみんな、今まで本当にありがとう。

おかげさまで最高にいい人生でした。

本当に本当にみんなの事が大好きです。

おれが亡くなっても、おれはみんなの側で見守ってるから安心してね。

じゃあみんな健康には気を付けてね。

本当に本当にありがとう。幸せでした。

じゃあね。さようなら。

僕

中谷　太郎

この自粛期間に自分という人間がどんな人間なのか考えてました。

その時にＮＨＫでバリバラという番組を知人に勧めてもらって何気なく観ました。

バリバラという番組はバリアフリー・バラエティー、略して「バリバラ」。

この番組に出演している人達はハンディキャップがある人達で出演者が差別された実体験や、女性に対する実問題などをテーマに話は進むのだが、僕はこの番組を観て思ったことがある。

差別はなくならない。

なぜなら自分のような人間がいるからだ。

自分は自分が気付かないうちに、人に優劣をつけて安心している。

ハンディキャップがある人達に対して優しく親切にすることで、自分が満足する。

そういうことをしないと自分が保っていられないのだと思う。

それは芝居の時も出てしまっている。相手のことを信じることができず、自分の考えを押し付け、どこか自分でやってしまっている。

その理由は怖いからだ。

自分ができないということ、その人より劣っていることを突きつけられること。

それが怖くて怖くて仕方ない。

僕の芝居が次のステージに向かうための一つの課題だと思うがどうしたらいいかわからない。

今は自分のこの現状を受け止めること、相手の立場になって考えること、相手に対して良い意味で諦め受け入れることにしていく。

このことを話すことでみんなから、酷いやつと思われるのが怖くて話すことをやめようと思ったけど、これを自分で認めることが今何よりも必要なことだと思って話しました。

聞いてくれてありがとうございました。

道標

関　幸治

家出をした。洟垂れ小学生でもファンタジーな中二でもなくちょっと初老の四十一歳、二児の父親の話である。
夜七時、小雨が降っていた。
自粛期間中の家出は雨宿りする場所も無く二時間外を彷徨い最後は歩道橋の上にいた。
ここから飛び込んだら痛いだろうなぁなんて甲州街道に向かってひとりごちてみる。
まあ、そんな勇気は到底無い
三時間後には家に戻っていた
死ぬ勇気もなければ仕事も無い
仕事がなければ誰とも会わない

ないないづくしも仕方ない

自粛している
ココロも自粛している
誰のために……みんなのために。
家を出るには必要早急な事態で無ければ出る事すら出来ない
用事が無いから
オンライン飲み会も嘘をつかないと断れない
家にずっといるから

毎日妻と四歳の娘と一歳の息子とずっと一緒にいる
二ヶ月という時間は何かを静かにすり減らしていた

気付いたら声を荒げ
鬼のような顔でテーブルを叩き怒っていた
目の前の娘は嗚咽《おえつ》するくらいおびえ大泣きしている

ただご飯を食べるのが少し遅かっただけでそこまで怒られるなんてさぞや驚いたこ
とだろう
まだ生を受けてから四年で八つ当たりという感情をぶつけられても深く理解出来る
はずもない
止めなきゃいけないのに止まらない
このままだと殴ってしまうかも知れない
脳みそのどこかでなにかがしびれている
荒げた声が止まらない
頭を思い切り殴った
顔も吹き飛ぶくらい叩いた
気がした
もう一人の僕が体を外へ運んだ
いや殴っていなかった、助かった
泣きじゃくる子供の声が痛いくらい背中に突き刺さるが聞こえないふりをして家を
出た

今朝方、夢を見た
どこかの街で子供たちが二人きりで留守番している
新しい両親に引き取られたようだ
やっとの事で探し当てその家を訪ねた
笑いながら駆け寄ってきた娘をごめんねといって抱きしめた、痩せ細っていた
顔には痣《あざ》があった
新しい両親は育児放棄し暴力を振るっているみたいだ
いや、自分が殴ったのかもしれない
あの時の想いが蘇る
本当にごめんなさい
夢の中で僕は何度も何度も謝っていた

セカイを壊した感染症は
ココロまでむしばんだ

その代わり本当に大事な物に気づかせてくれた
幸せとは何なのか考えるきっかけをくれた
労働の大切さを教えてくれた
目指すべき道を改めて示してくれた
そろそろココロの自粛も解除して前を向いていこうと思う
四十一歳初老の旅はまだこれから始まる

枝豆

鈴木 智加寿

僕は四月二十九日に鈴木智という人間に買ってもらった。そして、その日のうちに深さ2㎝に埋めて貰えた。真横に仲間たちも埋められた。

今まさに人間界で自粛されているという密閉・密集・密接の三密の状態である。が、僕たちには関係もなければ影響もない。ましてや鈴木智の経済状況を考えれば仲間たちがこんなに近くに埋められることは仕方がない。

ありがたいことに毎日水はくれるし、たまに栄養も与えてくれる。だから我慢することにする。

真っ暗の状態だから音しか聞くことが出来ないのだが、時々「んー、パッ！」という声と足音が聞こえてくる。恐らく鈴木智の声であろう。そして話しかけてくる。

「これは〝となりのトトロ〟という映画に出てくる早く成長するおまじないだよ」と……

正直、そんなことをしても無意味である。が、鈴木智がどんな奴でどんな顔をしているのか頑張って成長して見てみたい気持ちにはなった。

風の噂によれば今の時期はコロナというウイルスとやらのせいで成長しても食べてもらえず捨てられてしまう仲間もいると聞く。

僕と同時期に埋められた隣のプランターのキュウリさんもそれを心配しているように感じられた。

鈴木智は食べてくれるだろうか……

食べてくれるか食べてくれないか、それが問題だ。

埋めてもらってから六日経った五月四日にまぶしい太陽、綺麗な青空と共に鈴木智の顔をみることができた。彼は「芽が出た」と喜んでくれたと同時に「もっと成長したらビールと一緒に食べてあげるからね」と。

食べてもらえることは間違いなさそうだ。

ただ、心配事が一つ。芽を出して初めて気づいたのだが、隣のプランターに入りきらなかったキュウリさんの種がなんと紙コップに入れられていた。そして今日になっても芽を出してこない。この鈴木智という男、僕を枯らさないかが心配だ。

いや、食べてもらうために何が何でも成長してやる!!

ラブレター

妹尾　理映子

コロナのせいで七週間も誰とも会ってない。

だからかな。あなたのことを考えてしまう。

あなたはまだ私の名前を覚えてくれてるかな？

一度は将来を思い描いた私のことだけど、もう忘れてるよね。

人気者のあなたの愛を信じていられたのは、あなたが過去の女の人のことをきれいさっぱり忘れられる人だと確信が持ててたからだもん。

私だけが特別なわけない。でも、それでも願わずにはいられないよ。


あなたと出会って、自分が本気で人を好きになれるって知った。当時の私は、誰のことも愛せないのではと悩んでた。その長い長い苦しみからあなたは解放してくれた。

心の底から幸せだったよ。

初めてキスしたときのこと、あなたのひとつひとつを、どんなにドキドキしたかってことも鮮明に覚えてる。

わたし用のスリッパを買ってくれてたとき、ぶっきらぼうに合鍵を放り投げて渡してくれたとき、天にも昇る気持ちだった。

あなたの全てが愛しくて、全身全霊で恋をした。


私が日本を離れている一年間も着実に愛を育んでいたよね。

「お土産はいらないよ。僕への愛情をいっぱい持って帰ってきて」帰国前、あなたはそう言ってくれた。

でも、帰国したとき、私はちょっぴり変わっちゃってたよね。

一年ぶりに会ったあの二日間で、あなたの目から恋が消える瞬間を見た。思い出すと今でもゾッとする。

あの日がなければ私の人生は違うものになってたかもしれない。

そんなことを、もうずっとずっと二十年近くも思ってるんだよ。

あなたのことを忘れたかった。むしろ死んで欲しいとさえ願ってた。

素敵な人と家庭を築いて、あなたのことを思い出しもしないようになりたかった。

でも結局、誰のことも心の底から愛するなんてできなかった。

だからね、あなたを忘れることはもう諦めたの。

あなたを忘れられない自分を許してあげることにしたの。

あなたとの日々は、全て、私の糧になっているから。

やっとやっと大切に思えるようになったから。

あのね、今の私の人生も気に入ってるんだ。辛いこともいっぱいあるけど、いろんな世界を見れてるよ。


辛いとき、叶わなかったもうひとつの未来の、人生の妄想に逃げることがある。

そう、あなたとの未来は、今や私にとって現実逃避なの。


それでもね、私の心も体もあなたに会いたくて、あなたに抱きしめられたくて、たびたび悲鳴をあげるから、そんなときは、自分で自分を抱きしめて、思い出に浸って思いっきり泣くよ。

あなたに会いたいって気持ちは、きっと一生消えないから、いつか神様の気まぐれで、あなたに会わせてくれるって信じてる。

そう信じて私は生きていくよ。

あなたに会ったときに恥ずかしくない自分でいられますように。

いつかあなたに会えますように。

そんなことを最近考えてたら、臨終の際にはあなたに手を握っててほしいなって、結局なんだかそんなふうに思っちゃってます。

退屈な日々

匿名

ある日の深夜——。
部屋の中で宙を見上げる。
何も感じない。
ある種、何も感じないというのも事件だ。
耳を澄ましてみる。
外の音が聞こえてくる。何か特別な音がする訳でもない、ただの振動。
深く呼吸をしてみる。
インスピレーションが湧いてくるのだろうか、ある瞬間傷みを感じ始める。

小刻みに身体が震えだす。溢れだす涙。
この傷みはどこからきた痛みだろう。
自分の中を探ってみる。

うん、多くの人を傷つけてきた。
自分の欲の為に。自分を守るために。
傷つけるつもりがなくても、結果、傷つけてしまったことも多々ある。

今でも日々日々、知らぬ間に誰かを傷つけているであろう。それにより、僕の身体の所々にくっついた力み、抵抗しているナニか。それを取り除いていく。

今はそこまで反省しないようにしている。生きると言うことはそれだけで自分も相手も傷つけてしまうことがあるのだから。

だからこそ、そこに関わり続けた、乗り越えた先に喜びもあるのだろう。
なんて事を色々と思考を巡らせながら、僕の身体の中をグチャグチャにしていった、
その後に訪れる静寂を感じる。

「孤独」――なのかな?
何やら息が詰まる。
それを誤魔化すために享楽的な生き方を求めた時もあった。
それは何も助けにならなかった。
いや、ちょっとはなったか、助けに。
あれが無かったら、もっと大変なことになってるときであったろうから。
でも、そこで孤独が失くなった訳でもなかった。

どこかに、孤独を感じない「自分の場所」というものはあるのだろうか。
戦友とも言える人と出会うことは出来るのだろうか。
それとも、もうすでにいるのだろうか。

わからないが、今は寂しさを何かで誤魔化して生きることはない……きっと。

コロナ――あまりこの事について触れるのは避けるけど、僕にとって、それよりも時間というのは「生命」そのもの。

しっかりと調べ、考えた上で、いま全く一喜一憂することはない。

それより、どう生きていくか。

大変な苦労をし、僕を生んでくれた母親。

僕を育てるのに身を粉にして働き続けてきた父親。

とてつもない疲れに体調不良、また、精神的にもまいってしまい眠れない夜もあっただろう。

僕がはじめて笑ったとき、はじめて言葉を喋った時、はじめて歩いたとき、そんな時は幸せいっぱいで最高の笑顔をくれたであろう両親。

僕が体調を崩し病気になった時、おろおろと動揺したり、どれだけ心配してくれたことだろう。

感謝しかない。

全く何も返せてないけど……
この先も何も出来ないけど……

僕に出来ることは最高に輝いた自分を見せることだけ。
その為に、自分の好きな演技をどこまでも追求していくこと。観客が観終わったあと、鳥肌立たせて、しばらく立ち上がれない位に、ノックアウトする。

大好きな友人達と夢を語らい、大好きな人と手をつなぎ歩き、キスをする。

そんなことだ、望んでることって。

退屈な日々を情熱注いで、大切に生きる。

独り芝居

森口ひろみのセクシーゾーン

金井　香織

こんばんは、こんばんは、こんばんは、こんばんは!

今夜も始まりました、木曜ジャンク!　森口ひろみのセクシーゾーン。

さて、どうしてこんばんはを五回も言ったのかというと、実はですね、わたくし、
なんと、先週の放送でこんばんはって言うの忘れちゃったんですね!

ごめんちゃい!

もう、本当ひろみったらドジなんだから。ゆ・る・し・て♡　テヘ!!

はーい、今、コロナウイルスの影響でみんな活動自粛、stay homeしてますけど、
ひろみもちゃーんとstay homeしてます!　五年間も♡　テヘ!

三密禁止。おうちで踊ろう。ひとりで踊ろう。密です。ソーシャルディスタンス
です。セルフ……サービス……。

え?　何を?　想像しちゃったかな?

わ・る・い・こ♡
そんな貴方にピッタリの曲を送ります。少女時代で『Gee』

『Gee』流れる

ひろみ、机の上のハッピーターンを汚らしく舐める。
ファンタを飲んでゲップし、少女漫画を読み出す。

誰か来る気配を感じる。
音楽の音量を下げて恐る恐るドアの方へ近づく。フレームアウトする。

ややあって戻ってくる。
手にはお盆に乗った夕食。ハンバーグとご飯と味噌汁とお茶がのっている。
いただきますをして、夕食を食べだすと、お盆に乗っていた手紙を見つけ読む。
何か思い立って

はーい。聴いていただきました、少女時代で『Gee』でした！

さて、続いては大人気コーナー！　突撃隣の晩ごはーん!!　パフパフ！

このコーナーは、ひろみが一般リスナーのリトルセクシーちゃんのおうちにいきなり勝手にお電話しちゃおうというコーナーです！　それっていたずら電話だろ！

うーん、ひろみ、いつでもいたずらしたいの。出るかな出るかな？　いいよ、出して。

ひろみ、携帯でどこかに電話をかける

もしもーし！　こんばんは！　突撃隣の晩ごはーん！　早速ですがリトルセクシーちゃん、今夜の晩ご飯はなんですか？　……ハンバーグ？　ハンバーグ美味しいよね！　ひろみも大好きだよ！　……え？　うん！　一番大好きだよ！　……リトルセクシーちゃん？　どうしたの？　……気付いてたんだね……いつから？　……一年前？　じゃあ最初から気付いてたんだ……毎晩いたずら電話してごめんなさい……え？　……うん、分かった……ううん、うん……あ！　お母さん！　……あの、今日のハンバーグ、美味しかったよ……うん……え？　……はーい！　分かりました！　リトルセクシーちゃん！　今夜もありがとう！　またね！

電話を切る

突撃隣の晩ごはーんのコーナーでした！　続いては、リトルセクシーちゃんからのリクエスト曲をお送りします。あみんで『待つわ』

『待つわ』流れる。
ひろみ、それを聴いているうちに泣き出す。
意を決してお盆を持って部屋から出て行く。
ひろみが出ていった部屋には『待つわ』がただ流れている。

思いやり

S

えー？　最近してることですか？

あ、最近は、ふとした時に「思いやり」について考えてますね。

思いやりってなんだろうって。

実は小さい頃から「思いやり」という言葉にはトラウマというか……思い出があって。

小学校の通信簿に、生活態度の欄があったじゃないですか。「責任ある行動ができる」とか「集中力がある」とか。私あれの「思いやりを持った行動ができる」の項目がずっと△もう少し、だったんです。数字で言えば1か2。すごく人間性を否定されてる気がして。自分は生まれつき心が冷たくて周りに優しくできない人間なんだって子供ながらに傷ついてた。まあ子供の偏った思考と言えばそれまでなんですけど。

それからずっと思いやりの呪縛が私にまとわりついているんです。本来の意味がわからなくなるくらい、文字の形で、音の響きで、まとわりついてくる。だから、何もすることがなくぼーっとしている時とか、大切な人を傷つけてしまった後とか、ケンカする両親を見てる時とか、事あるごとに考えてはきた訳です。

でもこれが考えれば考えるほど宇宙みたいにつかめなくなって広がってく。アップデートされたかと思えばリセットされたり。

私がまず「思いやり」に必要だと思ったものは、想像力。相手の気持ちを想像すること。でもこれがなかなか、感情的になってる自分の、目の前の相手に対しては難しいんです。自分が第三者としてパパとママのケンカを見ていると、ああ言えばいいのにとかそんな態度したら嫌だとかお互いのことを想像できるのに。

この時、私は「思いやり」にはある程度の余裕と冷静さも必要なのだと思いました。冷静に相手の気持ちや状況を想像すること。

しかしこれだけだと、陥りやすいワナがあると気づきました。それは、何もしないこと。介入しないこと。そうすれば誰も傷つかないし、誰にも刺激を与えないで済む。でもこれでいいのか？　それはなにか違う気がする、いや絶対に違う！

じゃあ、相手の状況や気持ちを想像した上で私は何をすべきかを考え続け、行動し続けなければならない。これは相当のエネルギーが必要。でもやらなきゃ。動かなきゃ。

……あれ？　これって、私が今向き合っていること、リアリズム演技と同じじゃない？　私がずっと囚われている「思いやり」って、私が実感したい、人間のぶつかりとかふれあいから生まれるものなんじゃないか。ぶつかってから初めて生まれたり気づいたりするものなんじゃないか。

小さい頃のトラウマと、今向き合ってることが無意識なのに繋がってるんだって今気づいて、嬉しい、感動してます‼

あれ、話ずれちゃいました？　とにかく、早く人と会いたいですね。次は直接会ってお話しましょう。最近何してるんですか？

ラララクーン

平山 りの

あらすじ
これはラクーン（アライグマ）と人間の生物を超えたヒューマンストーリー。
ラクーンが調理、ウェイター、クロークなど、全てを担当するラクーンのレストラン。
その創業者八木アリサ（35）が、大繁盛店になるまでの苦悩の日々をＴＶインタビューで語っている。

八木　こんにちは。レストラン『ラララクーン』総支配人の八木アリサです。

今年で三十五歳になります。

いやーここまでお店が繁盛して、たくさんの人に知ってもらうなんて実は夢にも思ってなかったですね。

彼らにはほんとに感謝してます。あと、協力してくれた母や家族にも感謝です。

私が彼らに興味を持ち始めたのはちょうど三十年前の五歳の時なんです。

私が動物園に行った時、上野だったかなぁ。父と母と兄と四人で行ったんです。その時が彼らとのはじめての出会いでした。あの姿を見たとき一瞬で一目惚れというか、もう恋に落ちたと言う感じでした。笑　なんといってもあの手を洗うしぐさがたまらなくて……だって自分の手を一生懸命洗ってるんですよ！笑　あの子たちの手にはほぼ毛が生えてなくて、私たち人間みたいに肌みたいになってるんです。その手をちゃんと洗って食べ物を食べたりしてるんです！　なんて人間的なんだろうって感心しちゃって……！

もうその時です。その瞬間『レストラン』って言う言葉が頭に浮かんで、いつかアライグマのレストランを作るぞーって!!!　あの時に思ったのが最初ですね。

なんか変な子どもですよね。笑
そこからいろいろ勉強して、高校も大学もアライグマについて学んで。

あと料理も勉強しました。料理はほぼ独学と母から。

母はフレンチのお店のスーシェフをやっていたこともあって、だから家は毎晩、料理学校とかしてましたね。

おかげで父も兄も少しずつ肥えていきました。笑

で、一番の問題でもある、人間とアライグマの言葉の壁。これは、「人工言語生物哺乳類開発研究所」と共同して翻訳機の開発に成功。それが二十五歳の時でした。

ここまで順調だったんです。でもここからでした。アライグマたちに、人に提供できるクオリティーの高いおいしいフレンチを作ってもらう。というのがなかなか……

彼らはもともと野生だったので、もちろんいろんな知恵とアイデアはたくさん持っているのですが、フライパンや包丁、鍋、コンロなど普段使うことのないようなものをなかなかうまく扱うことができなくて。

私と母二人で指導していたので人手も足りず、疲れもあると強く当たってしまってこれまで何人も森に逃げていってしまったこともあります。彼らには中途半端に人間の世界を教え、何もできないまままた森へ返してしまった。私は今でもその子たちがちゃんと野生として元気に生きているか心配になります。

でも、その問題もまた家族である父が助けてくれて。

動物の調教をしている父の知り合いの方がいて、その方と相談したりやり方を変えたりトレーニング法を作ったりしました。

一番はアライグマたちがやる気を失うことなく、楽しくトレーニングしてもらう。そして、みんなでレストランを開業するぞ！と言う目標を目指してもらうことです。

なので彼らの心にも寄り添いながらその森林さんと一緒に指導しました。
そしてそれから九年、アライグマの指導に時間をかけました。そして私が三十四歳の去年、やっと念願叶ってレストランをオープンできたんです。
もうその時は、あぁ夢だ！　夢が叶った、と思いました。
五歳からの夢が。
あ、あとその開業日、私の誕生日だったんです。
そしてね、その日になんとプロポーズまでされちゃって。笑
あ、相手はその森林さんなんですけど。笑
あれからずっと二人三脚でずっとやってきて彼にもいっぱい迷惑もかけたし……なんかプロポーズされた時わたし感極まって泣いちゃって……笑
あはははは一。私の幸せのろけ話はいいですよね。笑

まぁそれで今やっと一年経ってこんなにも繁盛して、
こうやって取材までして下さって、本当に感謝しています。ありがとうございます。
私から言える事は「ほんの少しのかけらでも、自分ができると思えればそれはきっとできる。可能性なんて誰にもわからない。だからそれをやるのは自分だけ。夢は想

い続ければ叶う」今日はありがとうございました。ぜひレストラン『ラララクーン』来てね。

リモート・セクハラ

みやたに

え？　いや観てないって。
ってか、そっちじゃん。画面の前に胸どーんと突き出してきたの。
どうしたって目に入っちゃうよ。
えー、そんな、やらしい視線なんてしてる？　してないでしょ。
ちょっと待ってよ。なになに。
え、普段の話し？　普段から見てる？　そんなことないでしょ。
いや、そりゃ男だから、どうしたって、目の前にあれば気にはなるよ、俺だって。
恵美ちゃん実際、バストの形きれいだし。
あ、こーゆーのは、セクハラになるんだ！　ダーメなんだよ、こういうこと言っちゃ。
わかってる、わかってますって。
いや、でも実際やっぱり目を引くんだって。恵美ちゃんは。

え？　なに？　ああ、土井さん？　あの人は、本格的に、ヤラしいよ。

あの人と一緒にしないで欲しい。

え、そうなの？　へえーそんな感じなんだ。

なに、こんな感じ？

「恵美ちゃん、これワルいんだけど、早めに、よろしく、ね」（「よろしく」の所で視線を相手のバストに落として、「ね」で目の高さに戻す）

ほんとー。うけるー。

なになに、話の途中でちらっと胸を見て、サッと視線を戻す感じ？　土井さん、それで誤魔化してるつもりなんだ、笑えるー。

「はやめに、よろしく、ね」

まじかー、おもろいなあ。

いや、そういうのをヤラしいって言うんだよ。むしろ俺みたいにじっと観てる方が正直なんだって。

いやあ、なんか、こうやって話してると親しさが増してくるよね。ほんと。

あ、そうだ。せっかくの遠隔だから、そこでちょっと縄跳びっつーか、ジャンプしてみてよ。

いいじゃん。それくらい。楽しませてよ

え？　そこ、まわり、誰か居るの？　中西部長……？

え、恵美ちゃん、いま会社？　（固まる）

ジレンマ

澤井　一真

今日は久しぶりの休日だ。最近の世の中はステイアットホームだ。経済があーだこーだと言っているが、俺たちの現実はまさに冷酷無情だ。なんでおれはこの職業を選んだのか、なぜ俺は明日も戦場に立たなければならないのか、最近はこんなことをソファーでよく考えてしまう。まぁお金には困らないからそれはそれで幸せなのか？まさに俺の頭の中ではお金と命がシーソーゲームしてやがる。悠然と言うよりはある種の焦燥《しょうそう》感に駆られる休日だ。

電話が鳴ったと思ったら、これだよ。

担当患者の急変。

戦場では一刻一秒を争う戦いが繰り広げられてる。魂のような多量の発汗、浅く早い呼吸、未知のウイルスと戦う患者。

そしてそのベッドを囲む、感染リスクを抱えながらも戦う多数のナース、当直医。

病院には呼吸器内科医は唯一おれ一人。

いつしか患者のためというよりは訴えられないようにだとか、病院に辞めさせられないために電話をとり、ナースに指示をしている自分にも嫌気がさす。

この状況で病院に来ないのは、「人でなしだ」の意味が込められたナースの口調とわかりましたの返事。

俺は一旦酸素開始し、昇圧剤投与を指示した。

指示をして改善する場合もあるし、改善しない場合もあるからだ。

そんな、改善しない時がよりによって今日だ。

そう、娘の誕生日だ。

娘の「今日はパパとステーキ食べる！」と朝から言ってるのを、うるさいと思いつつもニヤけてる自分がいる。


そんな日に、そんな日に限ってやっぱりくる。

なぜだろう。

赤札を電話で通達されたような、そんな瞬間だ。

隣には奥さんの何とも言えない愁いな表情。

そんな目で見ないでくれよ。

俺だって正直嫌だよ。

なんで休日なのに仕事の電話がかかってきて、家族の時間を奪われなくちゃいけないんだって。

俺は休みの日に電話に出て指示も出した。これが人でなしなのか。

もし行ったら、自分には感染リスクも当然ある。

守る家族もいる。

と考えてるうちに再び耳に迫るこの聴き慣れたコール音。

そうだよ。俺が一番嫌いなのが今まさにこの状況だ。精力を蝕むとはまさにこのことだ。しかし俺は理解している。人間の本質は二つの選択しかないんだ、そぉ「やるかやらないかだ」そうこの二つだけなんだ。虚勢を張って、社会の奴隷となり、金を稼ぎ、患者を救うか。

自分の家族を守るために生き、仕事をテキトーにすますか。

さぁ、全身の血をみなぎらせて俺は決めるよ。

こう言う時に毎度脳に浮かぶ言葉がある。

「おれは何のために医者になったのか?」

よしこ……

おれさ、

非日常の日常の記録

下田　美緒

あーもうこんな時間だ。自粛中でもちゃんと起きなきゃ。

……なんかお告げみたいな夢見たな。「あなたの天職は職人か犬です」って言われて
……。「犬ってあの犬ですか?」ってちゃんと聞いたけど答えてもらえなかったな。

……犬ってなんだ?

あー。だめだ。やっぱり一日寝ても腹立ってるわ。

昨日の不動産屋!　おかしいでしょ、あの態度。

うちの駅近に支店あるのにわざわざ自分とこの支店まで呼びつけてさぁ。こっちは外出るのも怖いのに、電車乗ってめっちゃ混んでる商店街通らなきゃいけないんだよ。

しかも希望条件が多すぎますねーとかキレてくるし。自分でネットで探してないならないですよーとか言ってくるし。だったらネットで見られない自社物件出してこいっつーの。

はぁぁぁ。

あーやだ髪の毛プリンになってる。カラーしたいなぁ。髪切りたいなぁ。でも美容室混んでたらやだしなぁぁ。

もういいや。せっかく家にいるんだから髪の毛も休ませよう。大体、カラーすると髪痛むし、頭皮から良くないものが吸収されるし。これを機にナチュラルな女になろう。

あ、別の不動産屋さんからメールきてる。お、あの物件まだあいてるんだ！

ええと、共和信託不動産、担当、向井理。

え？　ムカイオサム？　え、うそ、漢字まで一緒だ！　ウケる！

でもこの不動産屋さん絶対老舗だよね。老夫婦二人だけでやってそうな。たぶん毛糸のチョッキとか着てるおじいさんなんだろうな。芸能人の向井理が出てくるまで漢字の読み方とか間違えられたりしてさ……。

「むかい～……むかい～……り……？」みたいな。（爆笑）

電話しよ。


（電話をかける）

もしもし、昨日お問い合わせした下田と申します。向井さんはいらっしゃいますか？

あ、向井さんですか？

はい……はい……ぜひ内見してみたいんですけど。

明日の三時ですか？　大丈夫です。はい。改札で待ち合わせですね。はい。あ、携帯の番号を……はい。宜しくお願いします。


（電話を切る）


え！？　若いじゃん！　しかもめっちゃ爽やかな声！　落ち着いてるし！　腰低い向井理とか最高!!　あ、ちがう、向井理ではないから！

なにこれ、なんで待ち合わせ、とか、僕のケータイ番号送ります、とかにときめいてんの。

社用携帯だから！

こわいよ～、人に会わなすぎておかしくなってるよ～！

でもそうか、明日か……。

（電話をかける）

もしもし、下田と申しますけど。あ、成田さんですか？　お久しぶりです。元気です。お店やってます？　あーよかったぁ。明日の午前中予約できますか？　カットで。あと……カラーで。

食物連鎖

久保田　響介

結局は食物連鎖って事だと思うんですけど……

変温動物かお前？って言われた事があるんですけど……まぁ変温ってだから、蛇とかって事ですよね。蛇かぁ……悪ないなぁって思いました。あれ？　でもカエルも変温動物だよなぁ。カエルはやだなぁって思ったんで、「カエルですか？　蛇ですか？」って聞いたら「どっちでもいいよ」って言われて……あっ選ばせてくれるんだと思って「じゃあ蛇で……」って勇気をもって言いました。この僕が蛇ってちょっとおこがましいかな？　わがままかな？ってそりゃ思ったんですけど、カエルってほど目大きくないし、僕結構乾燥肌なんで蛇って事にしました。地を這う蛇……まぁぴったしかなって……その時の上司の目は冷ややかでした。蛇顔負けの冷ややかさ……あれ？もしかしてこの人も変温動物？って思ったんですね。パンパンに太ってギョロっとした目。うわ蛙じゃん。種類でいったらどストライクのヒキガエル。なんで今まで気づかなかったんだろう。と、いう事で僕の上司は蛙ってことに相成りました。蛙と蛇。上司と部下。でも、蛇は蛙を食べますよね。職場の立場と逆転してる。上司っていう捕食者に搾取される部下。僕はいつだって蛇に睨まれた蛙……ならぬ、蛙に睨まれた蛇。でも僕は蛇なんで……いつか、いつか、この蛙、丸呑みにしてやるって思いました。

山手線

久保田　響介

七時一分田端駅発山手線。大体いつもこの電車にのります。人で溢れたホーム。「なんでこんなに人が居るんだよ」なんてイラつきに「自分もその中の一人かぁ」なんて、使いすぎて擦り切れたババァのスカーフみたいな言い訳を何回も繰り返してます。お決まりの風景。お決まりのアナウンス。お決まりの……お決まりの……そんな事を考えていたら、これでもかって人を詰め込んだあの細長い鉄の塊が、でっかい卵を丸呑みにする蛇に見えました。人の集まる格好の餌場……進んで食料になる人、人

その日から決まって朝は先頭車両に乗るようになりました。蛇に丸呑みされる自分。そこにいる人はみんな消化を待つだけ……みんな一つの塊。そんなふうに考えたら満員電車にもいちいちイラつかなくなりました。吊り橋効果っていうか……「いやぁ、食べられちゃいましたねぇ。えらい目にあいましたね」なんて誰にも分からない同族

意識、消化待ち被害者の会を勝手に創立してました。それでもって帰りの電車は最後尾の車両に乗って、最後尾から降りる。だから仕事が終わって最寄りについた僕は……つまり、うんこなんです。消化を終えた排泄物。うんこ、うんこ。蛇の肛門がどこにあるか定かではなかったのですが、取り敢えず最後尾にしました。仕事帰り、度々僕の分のご飯が用意されてない事に憤りを感じる時もありました。だけど、納得しました。うんこはご飯を食べません。僕が何年も経って至った考えに妻はずっと前から気付いてたのかと驚きました。晴天の霹靂《へきれき》。流石《さすが》俺の選んだ女だと思いました。うちの娘は私のことを「臭い」といいます。これも納得です。うんこだからです。やはり私の娘。侮れません。また明日がきます。食糧、うんこ。食糧、うんこの繰り返し。同じところをぐるぐる回る山手線に自分が重なって、あの蛇がより一層愛おしく思えました。うんこ。食物連鎖の一番下。あとは土に還るだけ。だから文字通り、泥のように眠ります。おやすみなさい。

夢

久保田　響介

度々……ほんと度々思うんですけど、逃げていいよって言われても結局……自分からは逃げられないんですよほんと……

息が切れる。苦しい。止まろうか。でも影がそれを許さない。光に向かって走ってるんです。闇雲に。光が強いほど影は濃く、深くなっていきます。光を失うのが、日が沈むのが怖くて全速力で駆けていきます。ただただ夜が怖くて……もうだめだ。ちょっと休もう……ふと立ち止まると影が言うんです。いいのか？　休んで？　他の奴らは走り続けてる。日は沈むぞって。分かってる……そんな事わかってるんです。夜の恐怖に勝てなくて再び歩を進めます。どれだけ走ってもその光に近づけている実感はありません。ただ、光に向かって走ってる。その息苦しさ、疲労感が僕の麻薬です。横目に様々な家が見えます。僕にも、僕にもこんな家があったら……家があったら？

夜を……闇を……恐怖と共に過ごさなくていいんじゃないかって……。そこにはいくばくかの幸福ってやつが、安寧と呼べるものがあるんじゃないかって。走れ。日が沈まぬ内に。影が言うんです。仕方なく歩を進める僕に影はいいます。「お前自身が選んだ……」分かってます。分かってるんですそんな事。言われなくたって。太陽が沈むよりもはやく走らなければ。ただひたすらに、がむしゃらに歩を進めます。僕の頭上を数匹のカラスが悠々と飛んで行きました。闇と同化したような真っ黒なカラス。影も実態も一つになった様な彼らはおそらく思考でなく、夢の中を飛んでいるのでしょう。そんな彼らは僕に構わず夕陽の中にとけていきました。走り続けて何になる。ただ襲ってくる疲労感に満足を覚えて、実質は丸い惑星をえっちらおっちら回ってるだけじゃないか。彼には一向に近づけない。意地や、負けん気でできた蠟《ろう》の翼は近づけば近づくほど溶けていく。好奇心や探究心で出来た翼は決して溶けず、到達を真としない。ただ、その過程を悠々と飛翔する。なんだそこまで気付いてるんじゃないか。今はほんの、扉の一枚目に手をかけた。先人達は何十枚、何百枚とその扉を開けてきた。飛翔だ……翔べ、翔んでくれよ。なんで、なんで俺にはない……そんな事を考えているうちに、なんか疲れてふいに日に背を向けた。夜が来た。闇が世界を覆います。寒い。凡人の焦燥の汗が冷えて体温を奪う。影は？　影はどこにいった？　見渡しても闇が広がるばかりで影は見当たらない。孤独だ……あんなに疎ましく思えた彼がこの上なく今は恋しい。お前がいなきゃ味気ない。永遠と思える夜が来る。凍えて、寂しくても声が出ません。寂しいなんて言う権利すらないのかもしれません。それが僕への見返りなんだと受け入れました。永遠が明けました。地面を見るとそこに彼はいました。ただただ、彼を抱きしめました。他人から見れば地に伏せ懺悔《ざんげ》するさまに見えたかもしれません。そんなことはどうでもいい。その時確信を待ってそう思えました。その時僕はカラスになれたのかもしれません。

握手

見尾田　歩

知っていますか？

あの日、あなたを突き飛ばしたのは、私です。

本当は気づいていたのではないでしょうか。

気づいていないフリをしていましたね。


五年前のちょうど今日でした。

その日はたしか、前日から見始めたスターウォーズの続きを朝から観続けて、夜にようやく終えることができたんです。

で、その後、家の近くにあるコンビニで買ったカルパスをつまみにビールを飲んでいたら、いつの間にか眠ってしまっていました。

まあ、いつも通りにいい夜でした。

知っていますよ?
あなたがとても弱いこと。
私はあなたを突き飛ばしました。
その日も、次の日も、また次の日も。
そう、だから、疲れました。

五年前のちょうど今日でした。
その日は終電まで仕事をやっていて、最寄駅に着いたのは一時五分。
眠い目を擦りながら重い脚を引きずり、家まで歩いて帰りました。
夕飯は帰り道のセブンイレブンで買った牛丼と春雨スープとビール。
まあ、食べて寝ました。

そう、だからもう、疲れたんです。
今日で　最後です
これで　最後です

どうか　頑張って

本当は覚えていました。
あなたに突き飛ばされたこと。
やっぱり　あなたですよね。
本当にごめん。本当にありがとう。

どうか、まだ。

た　た　た　た　た
たがたくさんだ

ぱ　ぱ　ぱ　ぱ　ぱ
それもありだね

く　く　く　く　く

かわいいね
と　と　と　と
うーーーーーん
かさ　ビニール　トタン　都心　電車
山手線がいく
富士山まで　いく
あつい　朝
ほ　ほ　ほ　ほ
ほんとかなぁ
る　る　る　る　る

まーだーだよーーーー

どーろ　どろ　ミミズ　鈴の音

こんにちは
今日《こんにち》も
星がまたたく
傘をさして
外へ出よう

ワンチャン

梨久

　およそ一週間ぶりに彼女の家を訪れた。彼女とは付き合って三年になる。いつものおうちデートだけど、今日は少しだけ勝手が違っていた。今回、夜のお誘いが言い出しづらい。彼女は女の子にしては積極的で、決してそういう話を厭《いと》うタイプではない。むしろ今まではなんのためらいもなく話しすぎていたほどだ。しかし今日は、どうしても前回会ったときのことが頭をよぎってしまう。先週、彼女宅を訪れた時、久しぶりのお泊まりに胸を踊らせた彼女はいつにもまして積極的だった。そんな彼女の思わせ振りな言動に、こちらも俄然期待が高まっていた。食事をし、お酒を飲み交わし、ベッドに入った。期待と想像に胸を膨らませ、彼女に二、三誘い文句を投げ掛けた。しかし、当の彼女はしばしばと重たい瞬きを繰り返して曖昧な返事をするばかりだった。お酒がまわって眠たくなったという。雷に打たれた気分がした。彼女の意識を連れ戻そうとたくさん話しかけたが、必死の妨害も虚しく、とうとう彼女は寝息を立て始めてしまった。終わった。待てをくらったままごはんを与えられない犬の気分だ。思えば、今まで拒まれることなんてほとんどなかった。ましてて、あんなに期待させておいて。

僕は男性が欲望を剥き出しにして女性に交渉を持ち込むという構図が苦手なので、彼女が乗り気じゃないならと、今回のお泊まりでは何もしないまま数日が経った。そして、帰宅の迫った最終日の夜「どうしてなにもしてくれないの」と彼女の控えめな誘いの言葉。拍子抜けした。期待してから落とされることが怖くなっていた僕は、欲求が湧かないようフラットに日常を過ごすことに全力を注いでいた。それが帰宅直前になって、「いまかいまかと待ち構えていた」とのこと。

自分は「ヨシ」を聞き逃して延々と涎《よだれ》を垂れ流す犬だったのだと気づいた。事情を話したのち、ちゃんとごはんにありつけた。

威風堂々

近藤　茶

えっとね、何をしゃべろうか、考えてたんです。てか、何を話したら聞いてもらえるんだろうって考えてたんです？　そもそも、僕が話すことに、興味があるのかなって？

僕から見ると、みんなが平面に見えてるんです。四つに区切られた画面の中で、ショーケースのように並んで見えてるんです。たぶん皆からも、僕もそういう風に見えてると思うんですけど。だから、会った事もない、平面の俺が喋ってる事に、みんなどのくらい興味があるんだろうなって思って？　それ考えてたら、掌にずっと汗かいてたんです。多分不安なんだと思います。

ただ、この後ろ向きな文章を書いている部屋の奥で、『威風堂々』がなってたんですよ。エドワード・エルガーの『威風堂々』。根暗な文章の奥行に、『威風堂々』があるのです。不安だと言っている俺の、こっち側の方に、『威風堂々』があったんです。それが何だか、面白くて仕方なかったんです。なんかそしたら、どれだけネガティブな事を書いても大丈夫な気がしたんです。何しろこっちの方では『威風堂々』としていますから、プラマイゼロです。むしろプラスです。１２０点くらいのプラスです。

高得点をたたき出したので、この辺で喋るのを終わりにしようかと思います。緊張していたので、少し頭が痛いです。それはそれは、『威風堂々』とした頭痛です。

月曜日

近藤　茶

あっ……久しぶり……ごめん、自分からかけたのに。びっくりしちゃって。出てくれる……

って、思ってなくて
久しぶり。元気？……そっか、元気なら良かった。私？　私は……元気じゃない、かな。ごめんね、久しぶりに電話してきて、こんなで。でもちょっと……ちょっとだけ、岸くんと話したいって思っちゃって。少しだけ、時間くれないかな？

私ね……私、仕事辞めたの。映画製作会社に入ったんだけど、働けなくなって。私ね……

映画監督になりたかったの。うん、言った事なかったけど。お父さん映画好きで。ちっちゃい頃から色んな映画見せられて、それで私も好きになって。

すっごい倍率勝って、映画製作会社入ったの。有名な映画監督の脚本の手伝いとかする事になって。自分の夢に近づいてるんだって、気がして。まだ誰も読んでない脚本読ませてもらえるのも嬉しくて……でも、私に求められてる事って、別に私の意見とかじゃなくて、ただ笑って脚本褒めることで……飲み行ったりすると隣に座らされて「いつになったらやらせてくれんの？」とかばっか言われて……大したことじゃないんだけど。全然大したことないから、ちょっとムカつくけど我慢してたらチャンスがくるって思ってたんだけど……ある日急に、電車に乗れなくなったの。会社行く電車乗ろうとすると、汗止まんなくなって、気持ち悪くなって……それで……会社辞めた。

私が映画製作会社に入ったの、お父さんすごく喜んでくれてたから……だから、辞めた事言えなかった。たまに心配して連絡くれるんだけど、その度に、ちゃんと言わなきゃって思うんだけど……今も、仕事続けてるふりしてる。諦める決心付かなくて、でも、もう一回やってみる勇気も出なくて。だって、もう一回ダメだって思ったら、今度こそ終わっちゃうような気がして。

毎日一人で部屋にいながら、何やってんだろうってそんな事ばっかり考えてた……そんな時に、優子から久しぶりに連絡来たの。覚えてる、佐々木優子？　昔よく私と一緒にいた、ちょっと大人しい感じの子。うん、そう。教室の隅で、よく漫画書いてた子。その優子から、同棲してる彼氏からプロポーズされて、結婚する事になりましたって連絡来て。

優子ね、昔よく、私みたいになりたいって言ってたの。優子、岸くんの事好きだったから。岸くんと仲良い私の事、羨《うらや》ましいって……私、優子より自分が勝ってるって思いこんでたんだ……でも、大人になって、優子には支えてくれる人がちゃんといて、あたしは仕事も出来なくなって一人で……優子に嫉妬してる自分が嫌で嫌でたまらなくて……それで、誰かと話したかったんだけど、誰に連絡していいかわかんなくて携帯いじってたら、久しぶりに岸くんの番号見付けて……話したいって思った。岸くんって高校の時、無敵ってイメージだったからさ。勉強もスポーツも出来て、美術部で絵とかもかけちゃって……今は、どうなってるか分かんなかったけど。私みたいに変わっちゃってるかもしれないとも思ったんだけど。でも、岸くんなら、岸くんと話したら、なんか変わるかもしれないって、勝手にそう思って。それで、連絡したの。

わけわかんないよね、ごめんね。急に電話してきて、本当、何言ってるんだろうね。でも……ごめん、なんか、なんか変わるきっかけが欲しかったんだ。なんかしたって思いたくて。岸くんと話したら、取り戻せるんじゃないかって思っちゃって。高校生の時の、自信、みたいなもの。そう思って、電話して、しまいました。

岸くんは今、どうしてるの？　教えて欲しい岸くんの事。変わってても、変わってなくてもいいから。

心の声（パーソナル）

愛のすがた

瀬畑　茉有子

あたしさぁ、なんか美しくてガラスの様な繊細な男の人が好きってずっと言ってたじゃん？

どちらかとゆうと、生命力が無くて、中性的な感じの人。

もちろんあなたはさぁ、
男らしいし、ユーモアもあるし、力強いし、話してて凄く楽しかったよ。

でも、やっぱり……ん～タイプじゃない……その時はタイプじゃなかったのかな。

（笑）

なんかあたし一度、生理的に無理って言っちゃったよね。

それぐらい、あなたのことはやっぱり……すごく話合うと思ったのに、
男として見れなかったんだよね。

ある時、仕事終わりに「一杯行こう！」って誘ってくれたじゃない？
その時にさぁ、服に染み付いてる油っこい香りがすごく苦手だったの。
小麦色に肌が焼けててさぁ、一年中ビーチサンダルだったでしょ？
それも、あたしすごく嫌だったの。

それでもあなたは、何回も告白してきたじゃない？
それでもあたしは、あなたのことを好きになることが出来なくて、

「これ以上恋人として求めるなら、フレンドシップも解消するよ！」

ってあの時すごく強く言ってたよね。

でもさ、それ言ってから、あなたはお兄ちゃんの様に存在してくれて、

あの時の
あの感覚が
すごく心地良かったの。

ある時さ、もちろん友達として、

なんかこぅ～……もう男とか女とかじゃなくて、
あたしからしたらオカマの友達みたいな感覚？
でずっといたから、一緒に泊まったりもしてたじゃない？

別々の部屋で一人で寝てた時にね、なんかふと、
一緒にいてくれることに

ありがとうっていう気持ちを伝えたくなったの。

そして、あたしがさぁ、
真夜中にあなたの寝ている部屋に入ったの覚えてる？

そぉ〜っと入って寝ているあなたにあたしからハグしにいったの。

あの時のことすごく覚えてるな……

あなたに触れた時に、あなたの胸の部分から
オレンジ色のようなサーモンピンクのような温かい愛の粒子がバーーーって
あたしの身体を包み込んでね、

その瞬間、

あたし、なんか、

「あぁ　懐かしい　あたし　この感覚知ってる」

って思ったの。

私たちの二人の魂の繋がりは、
あたしの今までの思考を上回った瞬間だった。

だからね、いまあなたが（肉体的に）ここに居なくても、
あたしはあなたの魂をいまここで感じることができるよ

聞こえてる?

I don't like you

夏蜜柑

あんたがどう思っとるか知らんけど、私はあんたは絶対に裏切らんって信じとる。

なんでやろね。安心感あるもんね。

どんな変なこと言っても全部突っ込んでくれるし、あんたと話しよって飽きんのよね。

ずっと話しとられる。地元帰っても、あんたとしか会いたいと思わんし。

けど、あんたとは付き合えん。

あんたとちゅーとか……ムリムリムリムリムリ！　想像できん。

でも、あんたが結婚したら嬉しい反面、ちょっと寂しいかも。

……いや、だって遊べんくなるやん！

けどさ、電話でさ、「彼女できたとや〜」って聞いても、いっつもおらんて言って。

あんたもういくつよ？　私はいまだ、あんたがチェリーボーイかと思って心配しとるよ。

あんね。正直さ。……あんたに一番最後に会ったとき、駅の改札まで送ってくれたやん。

私が上りエスカレーターの上で、あんたが下で。

何話しよったか覚えてないけど、あの時、私初めてあんたにテレてしまったちゃんね。

あんたもちょっとテレとったやろ？　私は気づいたけんね！

でも好きではない。

いや、好きは好きなんやけどさ。

私もう一人、好きやけど好きやない人おるし。

なんでやろね。あんたのことも、その人のことも、好きは好き。

むしろ、大好きな部類。

あのさ。お互いさ、おじいちゃんおばあちゃんになっても、
まだ独り身でおったら結婚しよっか。

そしたら初めて手ぇ繋ぐくらいの気持ちになるかもしれんやん。

ヨボヨボやし、きっと、お互い。

長生きしような。

先輩

S

ぼくのファーストキスね、先輩ですよ。
あれが初めてじゃないって言いましたけど、嘘でした。

奪われましたよ、先輩にぼくの初めては。
遠慮と恥ずかしさで慌てるぼくに、しよーよって凄いまっすぐな目で、
この人なに考えてんねん！って思いましたけど
今思えばキスシーンの稽古やねんからちゃんとできへん僕のほうが何考えてんねんって話でしたけどね。
みんな見てる中でしましたね、キスね。
先輩は申し訳なさそうにしてましたけど、僕は別によかったですよ。
千秋楽あたりにはもう慣れて思いっきりしてやりましたんで。たのしかったですね、

もうだいぶ昔ですけど。

かれこれ出会ってから六年くらいになりますか僕ら。

先輩より先に売れてバイトやめたるって意気込んでましたけど、何かと先を越されることばっかりでした。

あなた忙しそうですし、今後疎遠になっていくのかもしれませんね、さびしいですよ。

飲みに行こうって言うくせに、自分からはめったに誘ってこーへんし、でもよく人とは飲みに行ってるって言うじゃないですか。

あんま飲み過ぎは良くないですよ。

あ、そういえば、こないだ告られたらしいですね、聞きましたよ、なんで僕が知ってるんですか。

あんまそういうの人に言わないほうがいいですよ、その人すごい勇気ふりしぼって告白してたかもしれないじゃないですか、その気持ち踏みにじるようなことしちゃいけませんよ。

なまじモテるからって調子にのらないで下さい、恋愛をゲームやとおもってるんですか？

先輩がそんな人じゃない事くらいはわかってますけど、ぼくもフラれてるんで、人に言われたら嫌やなぁって。もしね、もっと上手くやってたら付き合えてたんかな?って考えるんですよ。夜中まで飲んで家にきてくれたことあるじゃないですか、あのときぼくベッドで後ろから抱きつきましたよね、それが精一杯で、先輩の背中の匂いずっと嗅いでました。付き合ってくださいって言ったら、今はそういう時期じゃないかな、って断られて、ぼく抱きついたまま気失うように眠りました、びっくりしてましたね先輩。あそこでもっとうまくやれなかったのかなって、たまに思いますね。でもあれが限界だったんでしょうね。悔しいです。悔しいので、先輩には負けたくないんですよ、ぼくが売れたらご馳走してあげますんで、待っててください。

このまま会わなくなっても、年取ってからまた会いたいですよ。困ったら呼んで下さい、いらんと思いますけど守るんで、弟とか愛犬みたいな存在でいたいですよあなたの。ほんまに守りたいんで。

じゃがんばってくださいね、いつまでも応援してます。

決意

永純 怜

ここの道さぁ、よく一緒に歩いたよね。
そこでアイス買ってさ　半分こして。
あたし見つけると　笑顔で駆け寄ってきてくれて。　嬉しそうに。
人混み苦手なのにさ　無理して花火大会連れてってくれて。
そしたらおっきい虫が周りずっと飛んでて、
もう途中から花火どころじゃなくなっちゃって。
でもずっと虫除けスプレーで格闘してくれてたよね。「私を守る」とか言って。
誕生日にサプライズで用意してくれてたケーキ。
もうすっごく大きくてさ　もう何人前だよってくらい大きくてさ　二人で爆笑したよね。
初めてのデートは　外で何時間も話したよね。

「俺から離れることは無い」って言ってたのに　何にも言わずにいなくなった。
理由も分からず　言い訳もしてもらえず　話し合いも出来ずに　一方的に。
本当に急に。
もしかしたら偶然会えるかもって　毎日バカみたいにオシャレして歩いてたんだよ。

今の人はね、とっても優しいよ。
すっごく大切にしてくれてる。
一生懸命向き合ってくれてる。　誰かさんはしてくれなかったけど。
今の人といると、とっても居心地が良くって
どんなあたしでも受け入れてくれて　等身大の私でいられるの。

でもね、でも　そんな素敵な人と一緒にいるのに、
すっごく大切にしてくれてるのに、
寂しい時　不安な時
何で　呼んじゃうのは貴方の名前なんだろう。

でもね、こうやって貴方を思い出すのはこれで最後にします。
あたしね、今の人と結婚するの。
今の人をちゃんと幸せにしてあげたいって思うから。
今の人の笑顔を守りたいって思うから。
だから　貴方を思い出すのはこれで最後にします。
忘れます。
だからもう一生　私の前に現れないでね。
勝手にいなくなったんだから
最後くらい私のお願い聞いてよね。

私は幸せになるよ。
ちゃんと幸せになるからね。
貴方じゃない別の人と　幸せになるよ。
だから　貴方もどうか幸せに。

さようなら

息子を想う

大濱　龍忠

起こしたらごめんね。

ぐっすり寝てるね。

長いまつ毛、ぷっくりした頬っぺ、いっぱい汗かいて、ちゃんとお布団かぶって寝ないとまた風邪ひいちゃうよ。

ヨダレまで垂らしちゃって。

今はどんな夢見てるかなぁ？

楽しい夢かな？

楽しい楽しい夢を見てたらいいなぁ……

今日から離れ離れになっちゃうね。

ちょっとだけ会えなくなっちゃうんだって。

だから、こうやって寝顔を見られるのも少しの間我慢。

その少しがとても寂しい……

起きたら居ないからビックリするかな。

ビックリして泣かないでね～

じゃあ、次会った時の約束だけして行くね。

じゃぁ……

次に会った時は一目散に走って行くから一番最初に抱き上げてチューしよっか！

そして、お顔とお顔でハムハムして。

そのまま抱っこして、抱っこしたまんまご飯食べに行こっか！

何がいいかねぇ……

じゃぁ～大好きなおうどん食べに行こっか！

大好きな鳥の天ぷらも食べちゃおう！

二つも食べれるかなぁ？

その日は特別にお野菜は食べなくても良い日にしよっかね！

あの「おいしぃ！　おいしぃ！」って言いながら笑顔で食べる姿見てると、疲れた事とか嫌な事もぜーんぶ忘れちゃう。

世界一の笑顔やよ。

お腹いっぱいになったら、好きな事、好きなだけして遊ぼっか！

その日はゴミ箱ひっくり返して怒られそうになったら変わりに怒られてあげる！

そして怒られた後は一緒にお風呂に入って……またどーせ暴れるんだろうけど、その日はアヒルさん投げても噛み付いても良しとする！

そしたらお布団でまた遊びながら一緒に寝よう。

そんな日がまた来るように、パパお仕事行ってくるね。

生まれてきてくれてありがとう。

大好きやよ。

じゃあ行ってきます。

憂鬱と猫

伊能　佑之介

最近バイトでレジの前に立っていると憂鬱になる時間が必ずくる。

バイト中じゃなくても、一人で買い物しているとき、電車に乗っているとき、たばこを吸っている時もかな。


「なんでだろう」って考えながら、その日は珍しくベランダに出た。

そんでたばこに火をつけて、空を見上げていたら、まんまるなお月様が「こんにちは」って。


そん時に思い出したんだよ。

一匹の猫のことを。

その猫はさ、俺がベランダでたばこ吸ってると、中から出て来て何も言わずに隣に座るんだよ。

でももう一本たばこに火をつけると、「寒い」って言って部屋のベットに戻っていく。

「幸せ」ってそんなに長く続かないんだよなぁ。

だってさ、うちの母親も結婚する前日の夢に一番好きだった人が出てきたんだよ。

てことはさ、一番好きな人と「幸せ」になれる確率ってすっごい低いってことじゃん。

だから、年月とか関係なく、一緒に居れたってだけで、「幸せ」なんだなって思う。

それに女性ってある時、突然、「生理的に無理」ってなる瞬間があるらしい。

これは最近知ったんだけどね。

多分、俺それだ。

俺が話したかったのは、どうしたら「前進」できるかってことね。
それはもう猫の足跡を追わないこと。これだと思う。

だって猫って気分屋じゃん。
もう振り回されるのは嫌なんだよ。
振り回してるつもりはないと思うけど。
というか、勝手に回ってるのは俺なんだけどさ。
だから大好きな飼い主の所から離れちゃだめだよ。
俺ももう隙は探さない。

1／3の純情な感情

甲斐 翔太

『1／3の純情な感情』お前覚えちょんか。十八年前やけんなぁ。忘れちょんか。俺はよく覚えちょんよ。

一両編成の電車でいつも一緒でさ。俺が後部座席に乗っていたら、お前が乗ってきた。ポニーテールで、目がぱっちりしていて、スラッとしていて俺の前を通り過ぎたら、石鹸のいい匂いがするわけよ。いやぁ、本当に可愛かったよ。もう一瞬で俺、ビッビッビってきて恋に堕ちたわけよ。たまらんかった。

田舎の一両編成の電車やろ。俺、勇気がなかったんよ。直接、メル友になってくださいって言うの。やけん、友達に頼み込んでさぁ。俺が一緒の電車っていうのは内緒にしてもらってメールはじめたやん。メル友。

今でもメールの内容は良く覚えちょん。好きな食べ物はオムライス。嫌いな食べ物は卵。卵を使わないとオムライス作れないやんって一緒に笑ったよな。メールで。好きなタイプ。これよ、これ。背が高くてサッカーしてる人。お前。そんなん俺しかおらんやん。お前。高校生の女の子が、そんな色目つかって本当に。もう。あざとい。お前はあざとい。俺は、お前をバンバン意識したよ。


うん。好きな歌は『1／3の純情な感情』。俺は流行りものに疎いから、全く聞いたことがなかった。お前が好きな歌をMDウォークマンが壊れるほど聞いた。

うん。それでね、俺はお前のこと毎朝みてた。

うん。俺はなかなか「俺が甲斐です」っち言えんかった。

うん。身体が鉛みたいに重たくてさ。気持ちは前に向いてたんけど、身体が動かんのよ。

うん。情けないわなぁ。情けねぇよ本当に。


でもさぁ、お前がこんなメール送ってきてくれたやん。覚えちょんかなぁ。

「甲斐くんと同じ高校のあの背の高い人。毎朝電車で一緒だよ。あの背の高い人いつもニヤニヤしてキモい。生理的に無理」
俺かい。それ、俺のことじゃないか。

本当に俺、切なくてさ。もう迷ったよ。俺。なんて言えばいいんだろ。
俺、自分で自分のことフォローしたもん。
「あいつキモいけど良いやつだよ」って。
その時も、聞きよったよ。1／3の純情な記憶。また間違った。感情。
お前、『1／3の純情な感情』の歌詞を覚えちょんか。

壊れるほど愛しても
1／3も伝わらない
純情な感情は空回り
I LOVE YOU さえ言えないでいる
MY HEART

僕のヒーロー

土井　宏晃

いい天気だから、久しぶりに車椅子を押して窓際へ行く。
窓を開けると新鮮な空気が入ってきた。
おばあちゃんは気持ちよさそうだ。
最近、こんな時だから会う機会が増えたね。
覚えてる？　小さいころ、保育園の行きや帰りとか、近所への買い物の時とか
おばあちゃんとよく手を繋いで歩いたよね。
手を繋いでいるだけで、温かいエネルギーをもらっている感覚がして
僕はいつも無敵になったような気がしたんだよ。
風邪やインフルエンザにかかって苦しんでいた時も
すぐに自転車の後ろに乗せて、病院まで飛んで走ってくれたよね。
その時の頼もしい背中は、まさに僕のヒーローだった。

すごいかっこよかった。ありがとう。

ただ、ちょっと細かいところがあったよね。

キレイ好きというか、いつも掃除機をかけていた。

冬とかは、掃除機の排気口っていうのかな、掃除機の後ろの空気が出るところ、あそこで暖まっていたら怒られたよね。でもやめなくて。笑いながら怒ってた。

箸の持ち方なんかもすごくうるさかった。うまく使わないとご飯食べなくていいみたいな。

おじいちゃんとおばあちゃんと僕と弟。

本当に楽しかった。

小さい頃、おばあちゃんは僕の無敵のヒーローだと思っていた。

全部を知っていて、全部が出来て。すべての答えだった。

おばあちゃんという名の親で先生でヒーローだった。

おばあちゃん、本当に不思議な感じなんだけど、
今は僕がおばあちゃんの手助けをしているよ。

手を繋いでゆっくり布団からおこす、
軽い背中を抱いて車椅子に乗せる。

布団を干して、掃除をする。
当然だし、何の問題もない。
でも、なんと言ったらいいか。

もう一度、散歩がしたいです。
もう一度、夜ご飯の買い物に行きたいです。
もう一度、話がしたいです。

温もり

岡本　有紀

お母さん、今、握り返してくれたよね。先生はもう反射でしかないって言ってたけど、聴覚は最期まで残るってゆうからこれは聞こえてるよね。

お母さんは不死身なんでしょ。今までもいつも蘇ってきたじゃん。だから大丈夫。今も闘ってるもんね、頑張ってるもんね。

今年の正月だよ、一緒にパン焼いたの。あんなに上手に出来るならもっと早くに教えてもらえばよかった。そしたら毎年正月にパン焼く楽しみが出来たのに。これからすればいいか。ね、これから毎年正月にパン作ろうね。

ほら、お母さんクリスマスに毎年パンでブーツ作ってたじゃん、で、玄関に飾って。あれ自慢だったよ。いつも料理下手くそとか言ってごめんね。あたし世界で一番お母さんのおにぎりが大好き。東京に向かう新幹線の中で食べるお母さんのおにぎりが最高に世界で一番おいしいよ。ほんのり温かくて少ししょっぱくて。また作ってよ。まるっこい手だね。働き者の手だね。
お母さん目覚ましてよ。

The Start Of Something New

中島　美久

お前なんか結局、大阪の田舎のヤンキーや。と言われました。

確かに私は大阪の田舎から東京に出てきたけど、普段、人からの目や評価を気にして悩む癖があるし、人と比べて劣ってる自分が、本当に嫌い。そう、嫌いなのに、毎朝化粧をする。外出する予定も人と会う予定も無いのに。自分の中のスイッチをオンにするみたいに化粧をする。

そうだ。スイッチがオンの時の話、聞いてくれます？　私ね、昨日二十一歳になったんです。あ、ありがとうございます。でね、男性に、指輪をもらったんですけど、その指輪が全く好みじゃなくて。でも彼はすごく似合うね、と言うから、私もありがとう、すごく嬉しい、と言うんです。この間も、私は固めのたまごプリンが好きなんですけど、彼はなめらかミルクプリンを持って、君が好きなプリンを買ってきたよ、と言うんです。でもやっぱり、やったーミルクプリンだーって、言えるんです私。偉いでしょ。その指輪にもプリンにも罪はないしね。君、性格悪いねって思ったでしょ。ただこれ、嘘をついてる、って感覚は無いんですよ。相手が欲しい答えを、出してあげてるだけ。

でもよく考えてみてください。あなただって、相手に嫌われたくはないでしょ。私も、誰にも嫌われたくない。こうやって嫌でもスイッチをオンにして、自分を守らなきゃ、二十歳になった途端、成人だ、自立だ、って言われる世の中で一人生きていくんだもん。当然でしょ。

なんて、言い訳ばかり、馬鹿みたい。自分の中に色んな自分がいて意見があって、どれかひとつを選んで相手に伝える。単純な事なのに上手くできない。もっと素直になれたらいいのに。もっと楽になれたらいいのに。こんなことばっかり繰り返して、思う。やっぱり私は、田舎のヤンキーなのかな。それも大阪の。あの人が言ったあの言葉が忘れられない。見透かされた気がして忘れられない。でも最低なお前を受け入れてやる、と言われた気がして、忘れられない。あの人なら、化粧なんてしなくていい、スイッチなんて切ったまま飛び込んでこい、と言ってくれるかもしれない。

いつもより念入りに保湿して、寝よう。明日の新しい自分のために。

感謝と決意

天野　瑞希

今日は、五月十日で、母の日の手紙を書いています。

書いても渡せないのが苦しいけど、何もしやんのは嫌やから書きます。


いつもありがとう。

どんな時も味方でいてくれて、支えてくれて、応援してくれて。

小さい時からずーっとワガママで、やりたい事は全部やらせてくれた。

バスケの試合は絶対来てくれたし、家帰ったらいっぱい褒めてくれた。

受験の時もお弁当つくってくれたし、帰るの遅い時もずっと起きててくれた。

前十字切った時は、大学まで車で送ってくれたし、入院して手術した時も身の回りのこと全部手伝ってくれました。

アナウンサーじゃなくてお芝居がやりたいって言った時は、さすがにちょっと反対されたけど、最後は死ぬまでずっと応援するって言ってくれた。

私はまだ何も返せてないのに。癌と闘うお母さんの姿が苦しくて、見るのが辛くて、逃げ出した。

私は最低やな。ごめんなぁ。こんな娘で。


一番しんどい時も私のことを考えてくれてた母は大きすぎて、まだまだ届きません。

だから約束します。これから一生かけて返していくって、絶対約束します。

少しずつ、でも着実に前に進むから、見ててください。


今までほんまにありがとう。言葉にできひんくらい感謝してます。

ゆっくり休んでください。

お母さん大好きです。

記憶

BB

これからする話を誰かに聞いてもらうのは初めてです。
これまでちゃんと向き合って考えることをせず、
なんと言えばいいのか分からない感情を覚えた
忘れることのない小さい頃の記憶の話です。

私は福岡の柳川という田舎で生まれ育ちました。ご近所さんとも仲良く、料理を作りすぎたら、〝作りすぎたけん食べて〜〟とかそんな感じの温かい場所でした。我が家の目の前の家の家族とも仲がよく、特に当時三十歳くらいのお兄ちゃんとは学校帰りに会ったら、

〝ただいま〜〟と挨拶をして、よく遊んでもらってました。とっても優しくて、カッコいいお兄ちゃんでした。

だけど、あの日の小さいながらに感じた心のざわついた気持ちは今でもハッキリ覚えています。

その日、朝起きて窓を見たら、お兄ちゃんの家の前には警察や青い服を着た人たち、のちにあの人たちは鑑識だったと知りました。いつもの場所なのに、まるで違う場所の様で、あきらかに何かおかしい雰囲気でした。

母に聞きました。〝どうしたの？〟と、すると母は凄く時間をあけて、ゆっくりと「ナナに言うか迷ったけど、ちゃんと話しておくね……あのお兄ちゃん、家で自殺してたんだって……」と……

何を言ってるのか意味が分からず、頭が真っ白になりました。

なんにも言えない、何を今自分が感じているのかも分からない、そんな感じでした。

あの時の光景、雰囲気、心の奥が締め付けられる様な感情。もう十年以上経っていても、ハッキリ濃く覚えています。

私はただの近所のガキンチョでした。それでもこんなに悲しく苦しい記憶として今も残っています。
だからか、ふとたまに思います。
自殺したいと思う程辛いことがある人に、
綺麗事じゃなく、あなたが死ぬと苦しむ人が絶対にいる、と。
私のただのエゴかもしれないけど、本当に心からそう思います。

あの近所のお兄ちゃんは私が十年以上あの記憶が消えることなく、大人になるなんて思いもしなかったでしょう。だってただの近所のガキンチョだったから。

でも実際そうなんです。
だから私は自殺を全否定する訳ではないけれど、
孤独だと感じで、死にたい人がいるのなら、
一人きりなんて事は絶対にないと心からはっきりと伝えられる人になりたいです。

この記憶とちゃんと向き合った事は正直今まで一度もなかったけれど、この期間のおかげで、自分の中の奥深いところにしまっていたものと向き合えて、言葉に出来て、

そして伝える事ができて、あの時の記憶、感情、絶対に忘れてはいけないな、と初めて思えました。

そして無駄にしないよう、ネット社会は広がり続けるけれど、そんな中でも人の繋がりをとことん大切に、温かく生きていこうと、強く、強く、決意しました。

倫

山下 りみ

ねぇ、こう暇だと、ネットで占いなんか見ちゃう事ない？

でも、占いって、恋愛とか結婚とかが付きものでしょ？

それがかなりの部分占めていて……私、いつも「いらないいんだけど、その分、他を充実させて」って言いたいのよね。

トシだし、そもそも結婚してるし……

驚くのが、この頃は不倫って項目もあるのよねぇ。

恋、恋愛……

私さ、大学卒業してすぐ結婚したんだけど、その時すっごく悩んだのよね。これから先、五十年以上あの人一人なの？　もう、恋は出来ないの？って。

まぁ、あれから、ん～十年、……色々あったけど……

それにしても、今は不倫、不倫ってうるさいわよね。

「不倫は文化」なんて話もあったけど、あれも軽いわ。

所謂《いわゆる》、道ならぬ恋が黙認されていた時代には、もっと情とか信念があったと思うわ。不倫に信念も変だけどさ。

でも、ルールの様なものもあったし、どこかで責任も背負っていた様な……

私さ、実は田舎の温泉街《おんせんまち》で育ったんだけど、変な話、昔よくお妾《めかけ》さんとかって言う話、子供ながら耳に入ってた。

芸者さんとかバーのママとか、そうじゃなくても県会議員のお妾さんとか。みんな普通に暮していたし、子供も育てていたのよ。

きっとルールがあって、それを守っていて、世間もそれに白黒つけずにいたのかな、それが文化みたいな感じだった？

小さい頃住んでいた家の裏に芸者の置屋さんがあってさ、毎日夕方になるとお母さんって言う中年のおばさんと若いお姉さんが二人キレイに着物着て、扇子で煽ぎながら、家の脇を通って表通りでタクシーに乗って行くの。そのお母さんって人がカッコイイと思ってたけど、三味線の名手だったらしい。一度お座敷でその人が三味線を弾く姿を見てやっぱりカッコイイと思った。

そのせいかな、高校時代は、ちゃんとした芸の出来る芸者さんになって、新橋辺りで働いて、神楽坂辺りで田中角栄みたいな、所謂、肝の据わった大物政治家のお妾さんとして一生を送りたいなんて妄想したりしてね。

今で言う不倫とは全く別物なのよ。そうそう、一人の男性に操《みさお》立てていたわよね、基本。

そして男性にも、本妻さんにもルールみたいなのがあったのかも。

仁義を通している生き方……

な～んて言っても、今は通じないよね。

もう、夕方だね。

あの芸者のお母さんは、今は田舎と千葉に住んでいる娘さんの所を行ったり来たりの生活なんだって。

男がいて、女がいて、心を通わせ、体を通わせ……

歳をとって……

親バカ

ブルー・マウンテン

君の寝顔を見つめている時、幸せになる。

「おはよ」と少し甲高い声で君があいさつする時、
君が幸せそうにチョコレートを食べている時、
「とおちゃん、だっこ」とせがまれる時、
そのくせ、すぐに「かーくんだっこ」と逃げられる時、
柔らかいおなかを、モンモンモンする時、
君がケラケラと笑う時、

三人でお散歩する時、
近所の神社にお参りしたり、河童様に会いに行く時、
膝の上にちょこんと座って、一緒にご飯を食べる時、
大きな口でご飯をほおばる君を見る時、
ぷっぷしたーと笑う君を見る時、
嫌がられても、チューする時、
一緒におべんきょする時、
『ドラえもん』の曲に合わせて、少し不思議な踊りをする君を見ている時、
一緒にお風呂に入る時、
髪の毛を洗う時に泣くのを見る時、
ちょっと前から覚えた「いやだもーん」と言ってくる時、

「ぷんぷん」と腰に両手を置いて、ほっぺをふくらませる君を見る時、
「ありがと」と言う君の声を聴く時、
「～やっていいよ」と不思議な上から目線で言う時、
「むし、こわーい」とすがる君を抱っこする時、
泣いている君をぎゅっとハグする時、
「おやすみ」のチューをする時、
夜中、君が布団の中に潜り込んでくる時、
温かいもので心が満たされる。

しもぶくれのあごのラインがたまらなく好きだ
ずっと触っていたい。

月並みだが、ずっとこのままだったらと思う。

日々、成長する君を見ているのはこの上ない幸せだけど、
心配も増えるのかな?
いつまで一緒にお風呂に入ってくれるのか?
幼稚園で「誰々くんと結婚する」とか言われたらどうしよう……
今の子たちは成長が早いからな……
小学校……まだ大丈夫かな?
中学校……思春期の君も想像するけど……
高校……まだまだ、想像がつかない……

どんな女性になるのかな?

まだまだ先だと思うけど、
きっとあっという間なんだろうな
そんな心配も、もしかしたら幸せの一つの形かもしれない。

君が生きていること
それが僕の幸せ
すべての瞬間に、生きている喜び、命の喜びを感じる。
命がつながるよろこび。
きっと何があっても、これだけは変わらないんだろうな〜
大人になった君の結婚式のことを思うと、いまから泣きそうです。
色々な場面が浮かんでくるのかな?

幸せになって欲しい。

ああ……自分の親もこんな気持ちだったのだろうか?

生きるって面白い。

あなたへ

近藤　しほり

お元気ですか？　そちらはどうですか？

あなたがいなくなって、十年が経ちます。

それでも、あの日から何かが変わったかと言われたら、正直よくわかりません。

私の人生の中に、あなたはほとんどいなかったから。

ただ、一つだけわかっていることは、私にとって幻のようだったあなたという存在が……

本当に幻になってしまったということです。

あの夏、私は父と二人であなたの住む町の近くまで行きました。

あなたに会うためではなく、なんとなく自分が生まれた町に行ってみたくなったからです。

私の記憶の中にあった公園も、住んでいたアパートも、ちゃんとそこにはありました。

記憶をたどる旅の途中、父は私に言いました。

あなたに、「会いに行くか？」と。

しかし、私は、首を横に振りました。


その翌月、あなたは旅立ちました。

今思えば、私があの町を訪れたくなったのは、あなたが私を呼んでいたからでしょうか？

しかし、私は、あなたの気持ちに応えられませんでした。


会いたくないわけではなかった。本当は会いたかった。

だけど、私は、怖かったのです。十二年ぶりに会う私を、あなたは受け入れてくれるのか……

そんな恐怖から、私は逃げたのです。


あれから十年、私はよく、父とあなたの話をします。

押入れの奥から結婚式のアルバムが出てきて、綺麗な花嫁姿のあなたに思わず見とれてしまったこともあります。不思議ですね。あなたが幻になってしまってからの方が、あなたを近くに感じるなんて……

私の人生に悔いがあるとすれば、それは、あなたに会いに行かなかったということです。

いつか、会いたい。いつか、会えるだろう。

そう思っていたけれど、そんな「いつか」は訪れなくなってしまいました。

だから、私があなたのもとに行くときが来たら、今度こそ、必ず会いに行きます。

そのときは、呼ばせてね、「お母さん」。

東京

秋吉　真衣

東京は憧れの街、夢のある街。
誰もが一度は憧れるだろう。
私もその一人だ。
東京は日本の流行の最先端。
欲しいものややりたいこと何でも揃っている。
進学や就職で東京を選ぶ人はたくさんいる。
特に芸能の世界を志す人はほとんどが上京を考える。
これからの生活に期待を膨らませどれだけの人が夢を持って上京してきたのだろう。
夢のある憧れの街だからこそ同時に東京が嫌いになる人もいると思う。
期待が大きかった分それ以上に上手くいかなかった時の悲しさは大きい。
私は東京が美しくも見えるし悲しくも見える。

東京に住んだことはないけれどオーディションで上京する時は希望がいっぱいで何もかもがキラキラと輝いて見える。

でも帰り道はそのキラキラとした憧れの街が全く別世界に見え、迷子になったような孤独な気持ちになる。

街並みは何にも変わらずいつも通りなのに気持ちだけでこうも見え方が変わってしまう。

まただめだった。反省点ばかりで落ち込む。

だけど落ち込むのは帰りの時間だけと決めた。

明日からはまた次のチャンスのために前だけを向いて頑張ろう。

ここで立ち止まっても時間は待ってくれずどんどん進んでいく。

後ろを振り向いてる時間はない。

あとどれだけ繰り返したら帰り道も同じ街を見れるのだろうか。

もしかしたら見れる日は来ないかもしれない。

そういった不安もないわけではないけれどいつか東京が私にとって「夢を叶えられた場所」と言える日まで私は夢を追い続けることを諦めない。

むちゅう

ジジ

むちゅう。むちゅう。
胸をはって、わたしはこれがやりたい、と言えるしあわせとありがたさ。
くらくて、つめたくて、しょっぱい中を通ってきたけれど、通ってきたからこそ、
ぴんく色かしら、きいろに近い白色かしら、きらきらぴかぴかと、でも、しずかに
おだやかな気もちを、手にいれた。
うれしくて、うれしくて、涙がでた。

「わたしは、やっぱり、この仕事がしたいんだと思います。」ようやく言えた。やっと言えた。

空を飛んでいるかのような、スパンコールやラメにおおわれているかのような、ふしぎな気もちになった。

どりょくはむちゅうにかてない。わたしの場合は、そうです。そして、わたしは、この仕事にむちゅうです。くやしいけど、俳優に、演技に、ゾッコンです。ようやく見つけたんです。

大っきらい、しんどいツライやりたくない、無力感からのみじめさと、自己嫌悪からの絶望感、すべてを通る仕事です。これからも、どんどんどんどん通るでしょう。

食べてやります。バリバリあじわってやります。そして、それを、血と肉にしてパワーアップしつづけて、かならず、届けたい人たちへ届けます。

わたしはうまくなりたい。わたしは強くなりたい。

そして、「この世界は残酷だけど美しい場所だ」「いのちとは価値あるものなんだ」「生きることはたのしい」「世の中、捨てたもんじゃない」と伝えたい。

突然おきた、そのできごとは、マイナスとともにプラスももたらした。ありがとう。

ありがとう。

猫

長谷川　晏巳

そうですねぇ……もちろん、猫派です。実際に私はチャッピーというペルシャ猫を飼っています。

え？　犬の方が可愛い？　いやぁ……わかりませんよ。だってほら、犬はバカすぎます。いくら私のように、頭がよくて、顔がハンサムでも、涎《よだれ》をダラダラ垂らして、ヘラヘラしているだけの犬が横にいたら、私までバカに見えてしまいます。

いや。猫も大して変わらないって、貴方、猫がどれだけ頭が良いか知らないのですね？　あの子達は人間と同じことをやってのけます。

例えば、ドアを開けたいと思った時、犬ならどうしますか？

ええ。犬は吠えることしかできない。しかし猫はジャンプして、ドアノブを回し、自ら開けてしまうのです。すごいでしょう?

何故そんなことができるかって、そんなこと分かりきっています。あの子達は人間のドアを開けるという動作を何十回何百回と繰り返し観察し、学習するのです。

ええ。すごいですよ。猫は。

つい先日もね、母がリビングで寝てしまっていて、そしたら猫が、ガチャっとリビングのドアを開けました。廊下から風がビュ~っと吹いてきて……そしたら母が飛び起きて、「何なのあの人!」って。猫にですよ?? あの時の母といったら、今でも笑ってしまいます。

母にとって、うちの猫は私達と同じなんです。

ほら、貴方も猫を飼ってみたくなったでしょう??

第二部

誰に伝えているのか？
伝える目的は何か？

人物写真からモノローグ―

（「商店街を歩く30代後半男性の写真」または「商店街を歩く20代前半女性の写真」から想像して書かれたモノローグ）

福永　理末

久しぶり……お久しぶりです。あの、知美です。
元気にしてましたか？　びっくりしたよね、急に押しかけてしまって……自分でも
びっくりしてます、私にもこんな行動力ちゃんとあるんだって。
あー、懐かしいこのお出汁《だし》の匂い。

あの、今日はおとう、さんに、お願いがあってきました。
ここで、働かせて欲しいです。
雑用でもなんでもいいので働かせてください。

唐突すぎて、ごめんなさい。

中学卒業する前、二人が離婚する時、お父さん最後にまたこのお店連れてきてくれたよね。

「いつでも来いよ、知美は不器用だから、困ったらここで修行してもいいぞ」ってウチあの時、お母さんを捨てる父親の元で働くなんてそんな自分絶対に許せないと思った。軽々しく言うお父さんにもすごい腹たった。ウチは、あの時、二度とお父さんに会わないって決めました。お父さんにもひどいこと言った。「どうせ一人になるなら死んじゃえば」って。

あの時、お父さんを傷つけた、罰だ。

ウチ、ちゃんと就職したよ。お父さんがいなくたって、生きていけるって。でも、なんかうまくいかなくて。死んじゃえばいいのに。って。言われるようになって、会社行けなくなっちゃった。お母さんとも誰とも顔合わせるのが怖くなって……今は、誰の役にも立ってない、ひきこもりです。

それで、あの、お母さんが、昨日から入院してます。

乳がんだって、今月初めに聞いたの、ウチどうすればいいかわからなくて、言い争いになっちゃって、部屋に引きこもって、反省して、でもまたギクシャクしてを繰り返してたら、何もできないまま昨日から入院してしまって。

家に帰って荷物準備してたら、コレ見つけて（手紙をだす）、それで、来ました。


お父さん、ごめんなさい。あの時は本当にごめんなさい。

ウチ、どうすればいい？

お父さんを傷つけて、お母さんを失望させて、全然親孝行できてないし、でも、遅いかもしれないけど、今からでも、ウチがちゃんとお母さんを安心させたいんです。

でも一人だと何もできなくて、どうしようって、その時に、あの時ここで言ってくれたお父さんの言葉思い出して、今日ここまで来ました。


自分勝手で、今更で、ごめんなさい。でもお願いします。

娘と思わなくてもいいです。お母さんと会わなくてもいいです。

ここで修行させてください。働かせてください。助けてください。

金井　香織

あの、すみません、休憩中にお店の本勝手に読むのやめてもらえますか？

それ売り物ですよ。綺麗に読んで売り場に戻せばいいって。

本ってね、紙そのものに価値があるんじゃない、書いてる内容や情報に価値があるんですよ。それを不当に得たらそれって万引きと同じじゃないですか。

作家の先生っていうのは、その作品を描くために命を削って労力をかけてるんです。大変なんです。

なんでお前に分かるの？って、分かりますよ、私も漫画書いてますから。

ネーム切って、下書きして、ペン入れして、パソコンでトーン処理して。トーン処理する用のソフトだって何万ってするんですよ。私のバイト代のほとんどはそれに注ぎ込んでますよ。

私はそれでも素人だから、それくらいで済んでますけど、プロの先生たちはアシスタントの給料も自分たちで払ってるんです。原稿料は安いから、単行本の印税でそれらを賄ってるんですよ。分かりますか？

お金払ってください。ちゃんとお金払ってください。

何がおかしいんですか、青木くん。私みたいなデブでブスはあなた達みたいな人には何も言えないと思っていましたか？　言えますよ。私だって人間です。生きてる人間だから感情もあるし、意志もある。夢だってあるんですよ。あなた達みたいに、容姿に恵まれて、友達もいて、恋人もいて、そうじゃないと生きてる価値ないよね、何が楽しいんだろうって思ってますよね。いいえ、分かってます。こないだ休憩室でみんなで話してたでしょ。福田さんって絶対処女だよねって。そうですよ。処女どころか男性とお付き合いしたこともないですよ。

だからなんだっていうんですか？　それの何が悪いんですか？　真面目に生きて誰にも迷惑かけてないですよ、私は。

あなた達は、遅刻当欠は当たり前。空きあればすぐサボろうとして、売り場でもみんなでおしゃべりばかり。

清掃も、当番表にチェックだけして一度もまともにやったことないですよね。私はやってますよ。あなた達がサボってる分全部尻拭いしてますよ。それなのに、店長も愛想がないって私には厳しくて、みんなのことは見て見ぬ振りですよね。本屋に愛想なんて入りますか？　正確な金銭授受と本に関する知識量、妥当な言葉遣い。私は十分お客様の役に立ってます。真面目にやってても、愛想がないって、それだけで認めてもらえない。

それに私、みんなに嫌われてるって分かってて、こんなとこで笑えないですよ。みんなが私のこと笑ってるのに、分かってて愛想良くなんて無理ですよ。私はお金を稼ぎに来てるんだ、お金さえもらえればいいんだって、心を固くして、何も見ないフリ、聞こえないフリするしかないですよ。でも私にも感情はある。大丈夫、慣れてるって思っても知らない間に少しずつ傷付いて。なんかもう限界で。辞めます。

今日でバイト。今までお世話になりました。

いいです、三谷さん、今更謝らなくって。私もあなたみたいな容姿に生まれていたらもっと愛想良くなれたかもしれません。店長、当然すみません。制服はクリーニングに出してからまた返しに来ます。今日の分の発注はもうやってありますから。

じゃあ、お疲れ様でした。お先に失礼します。

商店街プリティーウーマン

ハイヒール

産まれも育ちもこの街です。
私はこのガチャガチャした商店街が大好き。

ごちゃごちゃしてる電線
チュンチュン　雀が集うオレンジの街灯
リンリンリンリンリン　自転車のベルを異常に鳴らす名物おじちゃん
おやおや、ここは一方通行ですよ……
いつも車が迷い込む、狭い道路。

低くて小さい店が立ち並ぶこの商店街
あたたかい家族みたいな人達がいるこの商店街

毎日のように母と手を繋ぎお買い物に来た商店街
学校帰りに寄り道してた商店街
八百屋の　とくばあちゃん
魚力の　かずじぃじ
肉のタツモトの　たっつぁん
みーんなみんな顔見知り
あの頃と変わらない商店街

威勢の良い声で
「みよちゃんはやっぱ、かあいいね!」って
みーんなみんな、私が小さい頃から可愛がってくれてる

そう、可愛がってくれんのよ

大好きなフルーツを試食させてくれる
「んー幸せ~♡」

捌《さば》きたてのマグロを一口
「ほっぺがおちるよ～♬」
あつあつの唐揚げ
「パパもこの唐揚げ最強って言ってるよ！」

み～んな言うの
「みよちゃんには特別、みよちゃんまた来てねって」

だから私、
ついつい……甘えちゃうの。
だって断るのも悪いしね。

こないだ突然ね。
小さい頃の写メが送られてきたの。
幼馴染みのタカシから。
「昔のみよこ」って一言添えてあった。

はっ！とした。
甘やかされてきた自分
甘やかしてきた自分に気づいたの

それでね、
なんか火がついちゃって決めたの。
私変わんなきゃって！
私、綺麗になるって！

この商店街から色んなものを得てきた
この商店街無くしては私は形成されなかった
この商店街に敬意を払い、
この商店街はウォーキングルートに盛り込もう。
誘惑が多いのはわかってる……
だけどその誘惑に打ち勝ってこそ、

更に強く
更に美しい自分になれる！と、
負荷をかけようじゃないか！
そして、この強い気持ちを保つ為に必要なのは……
そうイメージソング。イメージソングが必要ね！
私は真っ先に思い浮かんだわ。
ロイ・オービソンの
『オー・プリティ・ウーマン』
この私にピッタリじゃない!?

お店の前を通ると、みんな私に手を振ってガッツポーズをするわ！
応援してくれてるじゃない！
きっと母が私の決意をみんなに言ったのね。

プリティ・ウーマン♬　トゥル　ルルンルー♬
そう私は可愛い。私は綺麗。

もっと可愛くなっちゃうわ。
力がみなぎる曲。
ひたすらこの曲をリプレイして前に進むわ！

あーだけど……
新鮮なフルーツがキラキラ輝いて私をみてる
ギラギラと脂が乗ってるあの魚達も呼んでるわ。
あ、今日は焼き鳥が一本四〇円のラッキーデーじゃん。ねぎまちゃーーん
ん？　ポケットになにか……
あ、こないだ駄菓子屋のきよみばあばからもらった
さくらんぼグミが入ってんじゃん！

ダメダメだめよ。
うー。でも
ダメダメ　ダメだったら。
うー。

ピロロン！

ん？　ＬＩＮＥ？

え、タカシ……

「みよこナウ」

やだ、あいつ隠し撮りなんてして……

なんなのよ……

なんも、誘惑になんてまけてませんよーだ。

うんうん！

私は勝つわ！

我慢できたわ！

やればできる子よ。

毎日、家からこの商店街を抜けて隣町まで歩き、神社のキツイ階段を登り、お参りしてからのＵターンコース。

一ヶ月半……一ヶ月半、頑張ったわ。
十キロの減量成功！

みんなから、「みよちゃん、かあいいね、いやっ綺麗になってー」って。

この達成感……何この満足感。
嬉しいとってても嬉しいわ。
みんなが見てる
みんなが喜んでくれてる

いつまでも、私に愛をくれる
変わらない人達
いつまでも、私が大好きな
変わらない商店街

変わらないものの中に生まれた新しい自分

変わりたかった殻から破れた強い自分
変われたのは前向きになれた自分

女の子なんて、ちょっとした事で変われるのよ!!
だけど、そのちょっとした事に気づかせてくれる人、背中を押してくれる人が自分にとってどんな存在なのかが大きな意味があるの。

気づかされたあの写真。
きっかけをくれたタカシに
私は明日ありがとうと伝えに行くの。

あ、あと。
一ヶ月半、足を運んだ縁結びの神様
御利益あるかな?
ずっと言えなかったけど、
今の自分が好きだから! 勇気を持っていってきます。

タカシに好きです！と、告白してきます！
はい！
では！
いってきます！

太田直志　三十九歳

完璧。そんなものを追い求めていた時期がかつての自分にもあったように思います……いやそんなもの無かったかもしれません。しかし。いまは声を大にして言いたい。あえて言いたい。完璧だと。

人生というのはまさに選択の連続です。今迄の私はあらゆる選択を天性の勘でハズし続けていました。しかし、それも今日で終わりなんです。目の前の選択肢の中から真実を選び抜く。あらゆる先入観に囚われず、社会的ＴＰＯを弁《わきま》え真実へと繋がる一路を選び抜く。まさにこれが成功への光明なんだと三十九歳……四十の大台を目の前にして今確信しています。

例えばこのファッション。青山のイタリアンで女性と食事というシュチュエーショ

久保田　響介

ン。ここ十年女性とのお付き合い……どころかデートすらなかったものですから、それまでの私であればついつい舞い上がって大枚叩いてでもスーツでビシッとなんて考えたかもしれません。でも今回の私は違います。いたって冷静。クールに真実を選び取ります。浮き足立ってはいけない。いたって自然に。青山で童貞ということは決して悟られてはいけない。大人のラフさが重要だ。……という事でこのファッションです。

正直こんな形の帽子を被るのは死ぬほど恥ずかしい。だがワンランク上にいくにはやむをえない。しかし、流石に食事中帽子を被り続けるわけにはいかない。あの時、スーパーの職場で私は三角巾を被っていましたから……。ハゲ上がった私の頭を見て彼女はどう思うか……酷く葛藤しました。その結果、思い切ってスキンにしました。そうだこれが正解だ。いいじゃん。うん。何故、何故いままで残り少ない毛にすがり付いていたんでしょう。ジャック・バウアーもドウェイン・ジョンソンもジェイソン・ステイサムもスキンであんなにかっこ良くてダンディなのに……。手放す事で得られるものがある。また、新たな発見です。

そしてこのTシャツ。これも幾分悩みました。汗っかきの私は基本黒しか着ません。ここでまた選択が私に迫ってきます。もし仮に派手な色を着たとしたら男はあがります。しかしきっと私は女性と対面したら、緊張で汗をかき人生最大の汗染みをTシャツに描くことになるでしょう。かといって今までどおりの黒でいいのか……再びの葛藤です。しかし、そこで晴天の霹靂。白……白だ。何故今まで気がつかなかった。私は本当に大馬鹿者だ。白ならば清潔感もあり、かつ、背伸びしている感じもない。その上汗染みも目立ちにくい。あぁ。完璧だ。何度見返しても非の打ち所がない。変わる。私の人生が。

しかし、忘れてはいけません。絶望というのはスパイの様に身を潜め、ふとした瞬間に目の前に立ちはだかります。

電車に乗る前。駅のトイレの鏡で最終チェックです。そこで私は気付いてしまいました。

「乳首が透けている……」

嗚呼！　嗚呼！　なんと無慈悲な……なんて事をしてしまったんだ。馬鹿野郎！　何故……何故白を選んだ！　清潔などと……汗染みが目立たない等といいながら、なんと、初歩的な乳首の透け。こんな醜態を彼女の前に晒せるだろうか……否、できない。出来る訳がない。白……白よ。貴様は悪魔だ。ペテン師だ。純潔であるという先入観で私に近づき私が気を許した瞬間に毒蛇のように首元に食らいつく……尼寺へいけ！　貴様のような悪魔は尼寺へいけ！　盲目だ……私は何にも見えてはいない。白は正義で黒は悪などという先入観に怯えまた選択を誤った。またしても真実を掴む事は出来ない。今の時間は？（時計を見て絶望）駅から自宅まで二〇分。着替えたら確実に遅れる。約束に遅れるような反故《ほご》をする男に思われたくない。かといってこのままいけば確実に引かれる。嗚呼！　着替えるべきか、行くべきか……それが問題だ……。選択だ……。いやっ。待てよ。遅れる事はいくらでも言い訳がつくじゃないか。財布を忘れたとか電車が止まったとか。一方乳首はどうだ？「いや、これ透けてるように見えてて実は透けてないんですよ」なんて言い訳は立たない。見えてるものが彼女の真実だ。戻ろう。あの六畳間へ。戻るんだ。走るんだこの駄馬め！　これが最良か？　過ぎ去った時間は取り戻せない。後悔を引き戻す事はできない。そうだ目の前、今この状況での最良を求める事しか私には出来ないのだ。直志。この名前の通りの選択を、真実への一路を今。

中村　舜太郎

金山正雄（50）「はーほんとくせぇ町だな」

薄く広がる雲から透ける光が磯の臭いのする商店街をほどよく照らしている。海沿いのせいか春も序盤なのに蒸し蒸しとした暑さに顔がゆがむ。海上に浮かぶウミネコを見てふと、何度も一緒に見たお前の顔が浮かぶ。

今日は勝負の日だ。この町で絶対に失敗できない交渉がある。スーツは部下が後で持ってくることになっている。大丈夫、準備はしてきた、うまくいく。そう自分に言い聞かせる。交渉ごとは全部お前に任せてきたせいか、この一年自分でしてみると相手の機嫌を損ね失敗することも少なくなかった。「あなたは自分に自信があるせいで上から言ってるように聞こえるのよ」とお前によく言われたもんだ。そんなことを思い出しながら急な坂を登る。この道をずっと行くと集団墓地がある。墓に着く前にある雑貨店で線香とライターを買おう。「社長なんだからかっこつけなきゃね」とプレゼントされた財布に目を落とす。

大丈夫だろうか、また不安が襲ってきた。この町を発展させ人で賑わう港町にしたい。今日がその俺たちの夢を叶える第一歩になるはずだ。お前が好きだと言ったこの磯の臭いがおれはどうしても好きになれなかった。そのことがバレなかっただけでも良かったと思おう。

山の中腹にある墓につくと見覚えのある老夫婦が数珠を手にお参りをしていた。二人がこちらに気付き頭を下げたので、おれも丁寧に頭を下げた。「暑くなってきましたね」などと軽く言葉を交わしおれも線香に火をつける。これまでの感謝と、家が寒く広くなった気がすることを報告する。目頭が熱くなったが後ろの老夫婦に気付かれないようサッと手で拭う。

さっきまでいた商店街が、奥に広がる海のせいで小さく見える。山と海と空。こんなに自然に囲まれた町で生まれたお前を少し羨ましく思う。潮風が坂を登って熱くなった体を冷ましてくれる。

不安だった気持ちが落ち着いてきた。腕を上げ時計を確認すると待ち合わせの時間までもう少しだった。そろそろ下りよう。振り返り手を合わせもう一度感謝を思う。潮風の合間にお前の「頑張って」が聞こえたような気がした。

パパにだって、色々ある

田中 望美

「あっ、パパ〜ごめん。トマト買ってくるの忘れちゃった。ちょっと買ってきてくれる〜?」妻にそう言われ、「は〜い」と重い腰を上げ、家を出る。やれやれ。家にいるからと、良いように使われている気がする。在宅ワークをしながら、三歳の娘と五歳の息子の面倒を見る。この二ヶ月の間、お風呂と寝かしつけるのは、僕の仕事だ。でも、僕が仕事に出ている間、こんなに大変なことを妻はしてくれているのだと分かり、頭が上がらない。僕は今、クリエイティブディレクターとして、働いている。しかも結構大きなプロジェクトのリーダーだ。だから、忙しい時期は、ほとんど家に帰ることができず、睡眠もままならない。その間、家のことは全て妻に任せっきり。申し訳ないと思っているのだが、僕は今度のプロジェクトで、グッドデザイン賞を狙っている。それが、僕のずっと目指してきた夢なのだ。それを妻は理解してくれている。僕にはもったいないくらいの人だと思う。

いつぶりだろうか、まだ明るい夕暮れ時に、家の近くの商店街を歩くのは。良い天気。風も心地いい。自転車に乗った買い物帰りの主婦。ゆっくり道路を歩く、おじいさん。時折、郵便バイクやタクシーが、この細い道路を危なげに通り過ぎる。久しぶりの外出。少し嬉しくなって、コンビニでチビたちの好きなプリンを買っていこうと思った。すると、目の前でガシャンっと大きな音がする。腰の曲がった小さなおばあさんが、コンビニ前に汚く並んだ十数台の自転車をドミノ倒ししてしまったのだ。「あっ」と見ていると、それに気づいた僕を見て、怯えながら何度も謝ってきた。そして、ちょうどその状況を見ていた周囲が、僕のことを白い目で見る。いや、僕はただ、自転車を元の戻すの手伝おうとしていただけなのにな……気まずい雰囲気になり、僕はサッとコンビニに入ってしまった。店内から数人の人がそのおばあさんを手助けするのが見えた。おばあさんはまた、深くお辞儀をしていた。でも今度は、シワくちゃの笑顔だった。はぁ、と溜息をついて、すぐにこの店を出ようと思った。商品が並ぶ棚と棚の間をすり抜けようとした時、女子高生にぶつかってしまった。「わっ、すみません」と、とっさに謝ると、明らかにその女子高生は、気持ち悪そうな顔をしていた。汚いものに触れるような目だった。

僕は下を向いて歩いた。僕は昔から、目つきが悪いことで、よくバカにされていた。

女子からは、いつも怖がられていた。だから自分に自信がなかった。そんなつもりはないのに、よく誤解をされる。そんな自分は、なんだかいつも、損をしている気分になった。それでも努力はしてきたつもりだった。できるだけ清潔感を保つために、シンプルな服を着て、おしゃれなベレー帽を僕のいつものスタイルにした。今は少し太ってきてしまったけど、体型も程よくキープしたり、知識も持ってた方がいいと思って、勉強も頑張った。いい会社に入って、自分の望んだプロジェクトのリーダーになって、人当たり良く振舞って。なのに、なぜか時々猛烈に自分が惨めに思えてくるときがある。そんなことを考えながら、気がつくと八百屋についていた。「今日はお一人ですか?」と、八百屋の爽やかなイケメンお兄さんが僕に声をかける。以前、妻と買い物に来ていたのを覚えてくれたのだ。落ち込んでいたから、余計にそのお兄さんの笑顔と優しさが染みた。すると他の主婦がお兄さんに今日のオススメの野菜を聞いていた。爽やかに受け答えするお兄さんが眩しい。眩しすぎる。ハツラツとしていて、太陽みたいだ。お兄さんは僕より肉体労働で、収入もそんなに多くないだろう。家も貧しくて、色々大変なのだと妻に聞いたことがある。なのに、みんなに信頼され、親しまれているのが良くわかる。お兄さんの心の美しさにムッとなる自分が、もっと醜く感じた。

支払いを済ませて、家まであと少し。駐車場の段差でつまずいた。もう、歳だ。トマトを落としてしまった。熟れた美味しいところをお兄さんが選んでくれたから、見事にトマトは潰れてしまった。悲しくなった。

「あ、パパじゃない！　遅かったわね〜。えっ？　何やってんの？」

と妻が、花壇の花に水やりをしに外に出てきた。妻は、もう何やってんのと、口を尖らせながら、でも、まぁ潰れたところだけ切り落とせばいいよと言ってくれた。見かけで判断せず、自分を受け入れてくれる、信頼できる唯一の家族が、僕にはいる。それだけでもう十分、贅沢だよな。駆け寄ってくる娘と息子。プリンの存在に気づいたようだ。パパ、頑張らないとな。

妻の作ってくれた、トマト入りのカレーが、いつもより美味しく感じた。

人物写真からモノローグ II

（「20代女性の写真」または「30代男性が20代女性に向かって話している写真」から想像して書かれたモノローグ）

金井　香織

お疲れ様ですー。今日はありがとうございました。

本間さんがいる現場がやっぱり一番楽しいです。

なんかホームっていうか、スタッフさんもみんなあったかいし、本当に楽しいなって。私本間さんがいる現場本当大好きです。

え？　本当ですよ。あの現場の雰囲気作ってるのって本間さんの力だと思うんですよね。いや、本当に。人間力ですよね。

私この間、別の現場行ったんですけど、だいたいどこの現場も時間ないからみんなピリピリしてるんですよね。なんか、私もそうゆう現場だと緊張しちゃって。

私、本間さんの現場以外でリラックスできたことないんですよね。

ダメダメですね。

なんて。なんか最近ちょっと落ち込んでて。

でも、今日本間さんの現場来て本当元気でました！

本当、ここが私の心のオアシスなんだなーって。えへ。

え？　大袈裟なんかじゃないですよー。本当に。

私、本当に本間さんのこと好きなんで。あ、なんか告白したみたいになっちゃった！

あの、本間さんの現場が、本当に本当に大好きなんで！

え？　うふ。本間さんのことも好きですよ。なんか、恥ずかしいな。

でも、本当に私本間さんのこと尊敬してるんですよ。

周りのことすっごい見てるし、気が効くし、雰囲気作るの上手いし、でも締めるところはちゃんと締めてて、スタッフさんからもすごい尊敬されてるじゃないですか。

本当そんな人なかなかいないですよ。本当に本当に。私は、今まであった事ないかも。

え？　私？　えーーそうですか？　嬉しい!!　本間さんにそんな事言ってもらえるなんて。えーーー、本当嬉しい。今日はなんかほんとにいい日だな。うふ、幸せ。

私、本間さんといる時、すっごい幸せかも。えへ。

本間さんはどうですか？　私といて幸せ？

あーー、なんか適当ーー。えーー。本当に？　絶対？

えへ。嬉しい。私のこと、また呼んでくださいね。

私、本間さんの現場があるから頑張ってやってこられてるんで。

私の心のオアシスだから。私からオアシス取らないでくださいね。はい、約束。

指切りゲンマン嘘ついたら針千本のーます、指切った！

うふふ。約束ね。絶対だからね。

あ、やだ、マネジャーさんから電話きてた！　ヤバイ、あ、こんな時間か。

えー、もっといたかったな。もー、うるさいんですよね、マネージャーさん。

あ、内緒ですよ、これ！　じゃあ、残念だけどお先に失礼します。

また！　絶対呼んでくださいね！　約束しましたからね！　じゃあ、お疲れ様です！　失礼します。

あ、私、本間さんのこと本当に尊敬してますよ。じゃあ、おやすみなさい。

田中 望美

あー、またダよ。
また飲んだだけだった。（酔っ払ってる）

聞いてよ。
こないだ合コン行ったんだけどさ、全然脈なし。
一緒に行った友人のトモコに持ってかれた。
みーーんなトモコにロックオン。
トモコ、頭撫で撫でされてるし、ずっと話しかけられてるし。
私も頑張ったんだよ？
とにかく笑顔振りまいて、積極的に話しかけたり、ボケてみたり。

でもダメ。
私に興味持ってくれる人いなかった。

そりゃそうだよねー。

こんな、三十代後半の、お堅いキャリアウーマン。ガチで結婚相手探してますって思われて、軽く遊びに来てる人からしたら、痛いヤツだよ。

もう無理だ。
もう嫌だ。こんなの。疲れ果てるだけ。
やっぱ、一人の方が楽だよね。

昔っからそうなのよ。
男の人怖いし、異性を目の前にするといつもテンパるの。自意識過剰だよね。
それに今まで仕事一筋だったからきっかけもなくて。

それで慌ててパートナー探そうったって、うまくいくわけがない。

あーあー、歳とったなぁ。

あ、それと実は秘密にしてたんだけど、マッチングアプリもやってんの。

バカでしょ。

精神的には全然成長してないのになぁ。


え？

なんでそこまでして相手探してるかって？？


んー……

なんでだろうね……

みんなこの歳になったら考えるでしょ、自然なことじゃない？？

親にはしれっとプレッシャーかけられるし、やっぱずっと独り身っていうのは寂しいし。

ふふっ、本当はね……


私、ばあちゃんが大好きなんだよね。

この歳になってもさ、子供の頃と変わらず可愛がってくれるの。

ほら、ご飯食べなさいって。

私が色々、身の回りであったことを喋ったらね、いつも味方してくれる。的確なアドバイスもくれて、すごく励まされるの。


でも、ばあちゃんは、何も言わないの。

それがかえってさ……

なんかさ……

何にも恩返し出来なくて、いつももらってばっかりだしさ……

ばあちゃんって、孫になんにも見返り求めないじゃん。


だから余計にね……

返したい、恩返ししなきゃってすごく思うんだよね。
きっと、私が結婚して、子ども産まれたら、ものすごく喜ぶじゃん。
もしかしたら、自分の親より喜んでくれるかもじゃん。
そう考えたらさ、いてもたってもいられなくなるんだよ。

時が経つのは早いの。
一瞬で一ヶ月が過ぎちゃう。

ばあちゃんも段々と弱ってて。

いつまでも元気で、
いつまでも明るく、
いつまでもみっちゃんって呼んで欲しいんだけどさ。

……無理じゃん。
だから一刻も早く私の子どもをみせて、
ちっちゃいね〜、
可愛いね〜、
よかったね〜ありがとね〜って
しわくちゃに笑ってるところみたいんだよね。
へへへ、こんなに酔っちゃって、バカだよね。

久保田 響介

え？　耳を疑いました。でも確かに捉えました。この耳で。確かに言われたんです「今夜どうですか」って。どうですかってなんですか？　そうなんですか？　そういう事なんでしょうか。いや、そう言う事でしょう。

なんとなく気付いてました。彼女が僕に気があることは。僕も彼女に対して好意のようなものを抱いていました。でもそれはあくまで部下としての彼女にであり。決して下心のようなものでは……いえ、嘘です。嘘をつきました。ありました。あったんです。下心。彼女が短いスカートを履いてきたときなんかはもう釘付けでした。あの白魚のようなきめ細かい肌。そんな僕の目線に気づいて彼女はいうんです「見てもいいですけど、程々にして下さいね」って。程々ってなんですか。見てもいいって事じゃないですか。やめてくれ。もうセクハラを公認されたんです。誘ってんじゃん。誘ってんじゃんって心の中で何度も何度も叫びました。蛸《たこ》のようにグニャリとして一度捕らえたら離さない。そんな僕の性欲が彼女に巻きついて離れません。

離れろ蛸め！　だめだ！　だめなんだ！　（指輪をしめして）見ての通り僕は結婚しています。中学生になる娘もいます。ここは四十代の一人の男としての理性が試されている。獣じゃなくて人間なんだから。理性こそがこの文明を築いてきたのだから。第一真昼間のオフィスでなんと大胆な。想像以上の積極さ……控えめに言ってたまらんのです。でもだからこそ言うんだ。「ごめんね」って。その一言を……あぁ！　くそ。蛸がどんどんデカくなる。鎮まりたまえ！　性欲の主よ。腐れ神になってはいけない。彼女を解き放て彼女は汚れなき独り身だ。包み隠さずいうのであれば、控えめに言って抱きたい。だけどだめだ。だめなんだ。ごめん。ごめんよ。勤続二十年。今まで築き上げてきた品行方正、家族思いそんなイメージをここで崩すものか。だから……

「ごめんね。家族がいるんだ……」言えた。言えたぞ。流石だ。これでよかったんだ。多少の詫びしさはあれど……これで……

そしたら彼女が唐突にもう食い気味に言ってきたんです。

「家族がいるからなんですか?」

なるほど。確かに……。禅問答のようだ。家族がいるから一体なんなのでしょう。ぼくは狭い見地で物事を捉えていたのかもしれません。視野を広げれば確かにそうだ。一夫多妻制の国だって未だにあるし、歴史的にみれば大奥なんていう一人の女性に対して多数の男性なんて例もある。常識や良識なんてものは時代や所によって異なるんじゃないか。アラスカのイヌイットは客人に自分の妻をあてがうのが礼節だと言う。素晴らしい。第一自然を見ろ。ライオンしかり猿しかり、一匹の力を持ったオスが何匹ものメスを従える。僕は昔関係を持った女性にあっちの方が立派だと褒められてきた。これも一つの力じゃないか。それは男の憧れでもある。つまり……そう。宝だ。宝なんだ俺のあそこは。その宝を妻という一人の女性に独り占めさせていいものだろうか。否。独占体制……カルテルや財閥などの存在はかのカール・マルクスが否定しているじゃないか。キリストだって与えることについて説いている。そうだこれは善行だ。この欲求を抱えた女性をおれは救える力があるのに、それなのに旧態依然とした独占欲で見殺しにしていいのだろうか。いやだめだろう。力があるものはその力を人を救うために行使する。それが正義だ。革命だ。お前に彼女が救えるか？　救える。モロよ。救えるぞ。勿論俺は妻を愛してる。妻の作るご飯が大好きだ。だがどうだ。いくら家のご飯が好きでも。たまには外ですき家でも食べたくなるじゃない。いやすき家といっては彼女に失礼だ。だから……そうロイホ。そうたまにはロイホにいきたいじゃない。俺は今日外食に行く。それだけだ。蛸よ喜べ！　お前をやっと解放できる。いくぞ。蛸よ。その八本の触手を余すことなくひろうしてやれ。蛸の弘いざ参る。

「じゃあどこにいこうか？」

六本木、渋谷、いや、ここは代々木上原のひっそりとしたバーなんてどうだろう。待て！　蛸。彼女が口を開く……焦るな焦るな蛸よ

え？　あっ打ち合わせ？　えええ？　あぁ今日か明日って言ってたっけ。俺？　あぁそうだっけ？　じゃじゃあ。今日にしようか。うん。ごめんね。

あっもしもし。ごめんね。今日打ち合わせで遅くなるわー。あぁーご飯？　たべるよ家で。え？　なんでもいいけど……あっ、たこ焼き。たこ焼き食べたい。うん。じゃあ。はーい。

あーあ。

「夢」のモノローグ

夢

土井 宏晃

おじいちゃんへ
いつも優しく、温かかったおじいちゃんとお別れする時が来てしまいました。
今でも信じられません。
すぐに「ひろー」って呼ぶ声が聞こえてきそうです。
ずっと僕を育ててくれて本当にありがとう。
感謝しかありません。
おじいちゃんに貰ったナグリやノコは今もこれからも大切に使っていきます。
僕が幼いころ、両親は共働きで、僕を支え育ててくれたのは今の祖父母でした。
物をつくるのが本当に上手で、大工という職業に誇りを持っていたように思います。
お金がなく、人手もなかった頃、

演劇の公演で使う舞台装置や小道具を「出世払いだ」と
一緒につくってくれたのは、本当に大切で忘れられない思い出です。
本当にありがとう。
昔から僕は本当に気が弱く、臆病で、引っ込み思案なのに、
今も続けられているのは、僕の芯になる部分に
強く優しいおじいちゃんがいるおかげだと思っています。

おじいちゃん、僕は劇場を建てます。
最新設備の三百人収容の劇場、ロビーには真っ赤な絨毯《じゅうたん》を敷いて、
今までお世話になった人を呼んだり、支えてくれた本や言葉を飾ったり、
そして何より、おじいちゃんのように誰かを応援できるような、
そんな劇場をつくりたいと思っています。
見守っていてください。
でも、本当はその劇場の設計図を一緒に見てほしかったです。
一緒に劇場をつくって欲しかったです。
おじいちゃんのことが大好きでした。

今でも本当に大好きです。
ありがとうございました。
どうぞ安らかにお眠りください。

夢　S

今日はありがとう。てかいつもありがとうございます。

ごちそうさまでした。

向こうのご夫婦さんもいい人達だったね。

あの、うん、それでね、話なんだけど、同棲するって話、やっぱりちょっと無理かな。ごめん。

と言うか、あの、私たち、私、別れたいなって思って、別れて欲しい。

嫌いになったとか何がどうしたせいとかじゃなくて……

さっきもちょっと話したじゃん、オーディションが一個通ったって。

あれ合格したら、二ヶ月間合宿で撮影なの。

私それに全部時間も体力も脳みそも費やしたくて、すごいチャンスだし、これ受かって完成したら大きな一歩でしょ？

私ね、ほんっとに女優として生きていきたいのね。それしか考えられないの。体と心を全部使って、ずっとグッグッして、ときめいて、それをスクリーンで観た人にドキドキしてほしいの。

それでしか恩返しできないって思ってるし、そのための準備に全部人生かけたいの。

今までいっぱい支えてもらって、そのおかげでそう思えてるのもある。

いつも「自分のやりたいこと優先していいよ」って言ってくれたし、今もずっと待っててくれてるの分かってるけど、それでもやっぱり考えちゃうし甘えちゃうし、気を使って会ってる時の自分が嫌になってきちゃった。

全部私のこと第一に考えてくれて、ごはんもお金出してくれて、私には到底買えないプレゼントを毎年くれて、嬉しいしありがたいけど、逆に重荷になってきたって言うか……気にしなくていいよって言われてもそりゃあ気にするよ、好きになった人だし、大事な人だから。

このままずーっとぬるま湯にいるんじゃないかって焦るし、今のままだと私甘えてダメになる。どっかで甘えてるの。

このまま同棲して結婚することは、幸せなことだと思うから。

でも、いまの気持ちを言うね。あなたと結婚する気がまったくないの。

だから、ずっと待っててもらうより、他の素敵な人と出会って、幸せな家庭を築いてほしい。

幸せになってほしいって心から思ってる。

ほんとあなたは出会ってから今も私にはもったいないほどの素敵な人だよ。

だから手放すのが惜しいなーみたいなところあったかな。

ほんとはずっとずっと一生友達でいたいけど、そこまではわがまま言いません。

この七年間無駄じゃなかったって、人生捨てたもんじゃないなって思ってもらえるような作品に出るから、作るから、それまで死なないでね。トロフィー持ってありがとうってテレビの向こうのあなたに言うから。

病気だけは気をつけて、ちゃんとさぼらず検査行って、ストレス溜め込まないで。
ごめんね、ありがとう、大好きだよ、さようなら。

夢

池本 拓真

結婚してほしい。この言葉を聞くのを僕は何よりも恐れていた。なぜならこの一言で僕と君の関係が崩壊するという事を知っていたからだ。僕達は今にも切れてしまいそうな細い不安定な糸で繋がっていた。僕には君を幸せにする事はできない。する資格がない。君を僕の一番にする事はできないから。今の僕には純粋な愛という感情だけで君と進んでいく事ができないのだ。僕の中の一番は芝居であり俳優として生きていくことだ。

僕は今売れていない。お金もない。実績もない。何者でもない。それでも何者かにならなければいけない。なっていない未来なんてありえない。僕は最低な男だ。君との心動く瞬間に対し時折り、客観的に芝居に使えると考えている瞬間があった。こんな気持ち悪い事を喜んでいる自分を僕は嫌いではないのだ。

それでも君は全部わかった上で僕と一緒にいてくれた。僕の不安を優しく包み込んでくれた。一番のファンでいてくれた。でももうこれ以上先の見えない不安に押し潰されそうになる君を見ているのが辛い。君をこれ以上無責任に待たすこともできない。僕には君と叶えたい夢が一つあった。それは僕の映画を一緒に観に行く事だ。僕は一番のファンでいてくれた君に喜んでほしかった。僕の表現で笑っている君の顔を見るのが好きだった。

今の僕に結婚という二文字は何よりも重く、そして遠すぎて見えないものだ。

君との未来を考えた時もあった。

でもこれ以上は一緒にいられない。君を不安定なまま放っておく事はできない。

僕は君に初めて愛を伝えられた時、君が一緒にいたいと思う時までいてくれればいいよと言った。自分に保険をかけた。その時の君の寂しそうに笑う顔が忘れられない。

僕は狂っている。他の何を差し置いても夢を叶える事が僕の中の一番なのだ。もう僕にまともな恋愛なんてする資格はないし、できないと思う。君が他の誰かと一緒になっても僕は後悔はしない。こんな身勝手な僕をどうか許してほしい。

夢　優生

もう覚えてないやろうけど、四年前もこの店で、ここに座って、一緒にお好み焼き食べたやん？

私は、あの時のお父さんの顔、今でも鮮明に思い出せる。今まで私の本当の夢を伝えると、反対しかしてこんかったお父さんが、今まで見たことないぐらい穏やかな顔で、「お金は助け求めてくれたら何とかするから、好きなことしな」って。

私、あの時、本当に本当に嬉しくて、お父さんのことが、初めてお父さんに見えた。だから、その次の年に言われた言葉がすごく悲しかった。あの時何にも言えへんかったけど、お父さんの言葉に対しての怒りというよりも、お母さんの前で言われたことが、ほんまに嫌やった。

月曜から金曜まで毎日朝から晩まで働いて、土日はお父さんが自分の好きなことをしている間に、お母さんは、私のバレエのレッスンの送り迎えしたり、私がわがまま言って、どうしても行きたいって言った舞台に車で片道二時間かけて連れて行ってくれたりしてた。大好きなバレエと出会えて没頭できたのも、舞台を観て、心が震えるような瞬間に出会えたのも、全部全部お母さんのお陰や。

お母さんが今の私を作った。だから、私は、私のものではあるけど、お母さんのものでもある。

お父さんは、お金と労力は私に分けてくれたけど、私の心を育ててくれたのはお母さんや。

だから、お母さんの夢を何が何でも叶えたい。

お母さんは、いつも「ゆうきの夢はお母さんの夢」って言ってた。

お母さんの夢も私の夢。

ここで俳優辞めて就職するって言ったら、お母さんは「分かった」と言うと思うけど、絶対本当は悲しいだろうし、がっかりすると思う。頭が上がらない程のお金と時間を私に注ぎ込んでくれたし。私に好きなことをさせたいという一心で。

いつか、お母さんとお父さんに家を建ててあげたい。今よりも広いアトリエ付きの家。それも、芸能の仕事で稼いだお金で。そうじゃないと、お母さんは本当の意味で喜んでくれへんと思う。

私の生活費は、貯金とこれから働いて稼いだお金で何とかする。俳優として達成したいことも沢山あるし、私はこのまま俳優を辞めたくない。それでも私と縁を切りたいなら、それでもいい。夢は絶対叶えるから。だから、まだ続けさせて下さい。お願いします。

夢

伊能　佑之介

※（　）の中は、心の声である。

父さん、来たよ。俺だよ、佑之介。分かる？　うん。

本当にさぁ、（いい加減にしてくれよ）

あのね父さん。俺まだ父さんに話してない夢があるんだ。

無人島買って、そこにテーマパークを作ること。

ディズニーを超えるような。ホテルも建てて、そこにレストランも作って、親子連れも夫婦も、カップルとか、色んな人が楽しめる無人島にすること。

もちろん役者という夢を諦めたわけじゃない。夢というか目的だな役者は。

俺は必ず役者になる。

大切な人に自分がテレビに映ってる所を見てもらえないまま、お別れなんて、もういやだ。

だから（がんばれ！）……絶対になる。

あーいや、おれが話したかったのは、目的とかいう必ず達成することの話じゃなくて、全て成功させた上で、やり遂げたい大きな夢、野望の話。未来の話。

そのテーマパークの主な遊びはサバゲーなの。無人島でサバゲーだよ。ワクワクするでしょ。泊まれる施設は今考えてるのだと三つ。一つ目はホテル。主に親子連れや家族みんなで泊まれるところにする。二つ目はコテージ。これはホテルより安くて、主にカップルや夫婦、友達同士とか。すぐそばにキャンプファイヤーができる所も作ろうと思ってる。三つ目はテント。これは一番安い。無人島でテントだよ。そそるでしょこれは。まさに自給自足。

で、この無人島の一番の醍醐味は、宿泊料しか掛からないこと。

ん？って思ったでしょ。そうなんだよ。食事が出ないの。レストランまであるのに。自分の手で勝ち取らなきゃいけないの。サバゲーで。相手を一人倒したら朝食ゲット。二人で昼。三人で夜。めちゃくちゃ面白くない？　行きたくなったでしょ。

もちろん売店もある。レストランも普通にお金を払えば食べれるけどね。

おれね、唯一父さんがしてきたことで、誇りに思えることがある。

おれがまだ小ちゃい頃だけど、新宿の高島屋で、肉がメインのレストランで店長をやってたこと。あまり記憶が定かではないんだけど、少し薄暗いお店で笑顔で接客したり、めちゃんこうまい肉作ったり、スタッフから信頼されてて、いつも愚痴一つこぼさないで、頑張ってるパパをみて、かっこいいなぁ、こんな人になりたいって思った。

だけど今のパパはダメダメで、クズで、同じあやまちを繰り返して、ちゃんとしゃべることもできてなくて、人に迷惑かけて、正直いなくなればいいのにって何回も思った。

けど、いまじゃねーよ。まだだよ。これからだろ。

おれは無人島のレストランの店長をパパにやってほしい。というかパパじゃないといやだ。

だから生きて一緒に夢を実現しよう。だから頑張れ、だから……

おれのパパがパパで良かった！　生きろ、負けるな、パパ！

本書の使い方

マイズナーテクニックではトレーニングの二年目に、*Spoon River Anthology* スプーン・リバー詞華集（アメリカの詩人 エドガー・リー マスターズの詩集。一九一五年刊）を題材にモノローグを勉強します。この方法では、まず詩集を読んで、二五〇ある詩の中から最も自分が共感するものを選びます。そして共感できるポイント、つまり自身の似たような経験（パラレル）を見つけて、自身の言葉（パラフレーズ）に置き換え、それを実際の台詞に落とし込む……というステップを踏み、演じるのです（拙著『リアリズム演技』一三九頁参照）。

あなたも同じようにこの作品集から、自分が一番共感するモノローグを選び、演じてみてください。

スプーン・リバーは古典的な英語で書かれているため、昔と現代を繋げるためにパラフレーズを使用しますが、この本を用いるのであればパラフレーズは省いても問題ありません。

そしてこの本に書かれているモノローグを題材に勉強した後は、ぜひプロの戯曲家が書いたモノローグに挑戦してみてください。

アメリカではモノローグ作品集が多く出版されていますが、日本ではモノローグはまだまだ馴染みが薄く、作品集はほとんどありません。いつか有名なモノローグを集めた作品集を日本で作りたいと思っています。

書くことについて

十八歳でコント赤信号に弟子入りして以来、オリジナルでコントなどを書いていました。NYに渡り、ネイバーフッドプレイに入学した直後、*If you want to Write* という本を推薦されて手に取り、以来ずっと、そこに記されていた、

……everybody is talented, original, and has something important to say.

……人にはみな、才能、独創性、言うべき大切なことがあるのだ。

— Brenda Ueland, *IF YOU WANT TO WRITE*

この言葉に励まされ続けています。

ＮＹではアクターズ・スタジオに入るためのメンバーオーディションシーンをオリジナルで二本、その他にも一幕劇、独り芝居、映画の脚本などを自分で書いていましたし、拙著「リアリズム演技」に収録されているモノローグも自分で書きました。

書くときには常に、頭の中でもう一人の自分が「つまならい、こんなの誰が読むんだ、こんな文章では頭が悪いと思われる、こんなことを書いたら人から変な目でみられる、面白くない、馬鹿げている……」と、挙げればきりがないほどのネガティブな言葉を囁いてきます。そんな時にはいつも「……人にはみんな、才能、独創性、言うべき大切なことがあるのだ」という言葉が助けてくれました。

この考え方は演技にも通じています。演じる時にネガティブなもう一人の自分が「こんなことをしたら、こんな自分の素の部分を見せたら、嫌われる」などと囁いてくることがあります。自分もそうでした。しかしもう一人の自分の声に耳を貸さず、自分が真に感じたことや思ったことを素直に表現できたなら、それは自分にしかできない、唯一無二の表現になっていきます。これがまさしく「自信」＝自分自身を信じることなのです。

モノローグのワーク

モノローグを自身で書いて演じ、それを今度は、自分ではない他人が演じてみせるワークを行いました。このとき、俳優のためになるいくつかのポイントをまとめておきます。

●モノローグを書く

まず課題を実践する前に、あらかじめ次のような五つの条件を出します。

- **長さは二分から三分**
- **テーマやスタイルはなし**
- **素晴らしい作品を書こうとする必要はない**
- **ノー・ジャッジメント（自己判断・批判なし）**
- **とにかく感じたまま書くこと**

条件を念頭に置いた上で、何をどのように書くかを、全て実践者が自分で決めましょう。

このようにプレッシャーをなくしていくと、子供のときのようなクリエイティブな感覚が戻ってきます。自分の心が叫んでいることを、それを感じている、心の一番根っこの部分から書くことが大事です。

➡自分自身と向き合う練習になります

特に緊急事態宣言中は、自分と向き合う時間を持てたのでしょう。多くの俳優たちのモノローグが真に迫る、根っこの部分から生み出されていました。

●他の人のモノローグを演じる

モノローグを書いた人の個人的なものが、その一言一言、何気ない言葉にも含まれているので、他の人がそれを演じる時にはそれを自分に落とし込み、どれくらい個人的なものにしなければいけないかを身をもって知ることができます。

➡役と自分を繋げる個人化の重要性を学ぶことができます。

書いた本人が演じているモノローグを見ているので、次に自分が演じる時にその言葉の重さ、責任を感じます。人が紡いだ言葉を、一つ一つ丁寧に、大切に発していきます。

➡脚本家、戯曲家の書く言葉の裏に隠された意図や、その重要性を理解できるようになり、台詞に対するリスペクトが生まれ、大切に発することができるようになります。

人のモノローグを見ていると、多かれ少なかれ共感する部分があると思います。その共感こそが、役と自分を繋げるものになります。共感する部分が多いと演じやすく、少ないと演じにくいのです。作家が書いた役に共感できる部分が少ない場合は、個人化してみたり、自分の身近なものに置き換えてみたりして、いかに自分で共感できる部分を作っていけるかがポイントとなります。

⬇個人化、置き換え、役作りの練習になります。

●演じてみて、作った本人から感想を聞き、それを見ていた人たちにも感想を聞く

⬇互いが自分を客観視することができ、コメントの出し方の勉強にもなります。

緊急事態宣言解除後に始まった新たなクラスの第一回目は、オンラインで行われました。ほとんどの人が初対面だったのですが、そこでモノローグの練習をしたところ、自己紹介の何倍もその人の事を知る事ができたのです。モノローグの端々にその人がにじみ出るので、それを踏まえた上での演技指導にも役立ちます。

俳優の中には演技だけでなく、書く才能もある人がいるので、実際に書いてみることが才能の発掘に繋がるでしょう。

俳優でありながら作家でもある、二足の草鞋《わらじ》を履く人が今後もっと出てくることを期待します。

「人物写真」からのモノローグの書き方

正解はありません。当たっているか、間違っているかは関係ないので、自分が感じ取るもの、直観を信じて答えてください。

《質問》

① **名前は？**
② **この人物は誰なのか？**
（年齢、仕事など写真から見て取れる一般的な情報は）
③ **この人物のスペシャルなところは？**
（話し方、歩き方、着換え方、クセ、性格を具体的にするものは？）
④ **この写真から得られる情報は？**

具体的な場所（例　レストラン、公園、浜辺、教室、商店街など）
＊レストランなら、安い、高級、何料理、初めて来たのか？ここの常連なのか？など
⑤この人物はこの場所にいることにどう感じているか？　この表情から何が伝わるか？
（幸せ、悲しい、緊張している、怒っているなど）
⑥何が欲しい？　何が必要？　夢は何なのか？
⑦何がそれを妨げているのか？
（仕事が必要、お金がない、友達がいない、勇気がないなど）
⑧何を伝える必要があるのか？　何が欲しくて、なぜ欲しいか？
⑨誰に伝えているのか？　その人は、欲しいものを与えているのか？　邪魔をしているのか？　味方なのか？
⑩なぜ今日は、普段の日と違うのか？　なぜこのモノローグを今日、このときに話さないといけないのか？
（参考：Stephen DiMenna, *The Photo exercise*）

「夢」のモノローグの書き方

自分自身をベースにノンフィクションのモノローグを創作します。次の質問に答えてからその要素をいれてモノローグを書いてみましょう。

《質問》

①どんな性格？

②外見的特徴は？

③短所は？

④長所は？

⑤スペシャルなところは？

（長所以外に特別なところ。例えば、実家が金持ち、海外に住んだことがある、親戚に有名人がいる、外国語を話すなど）なくてもＯＫ。

⑥夢は？

⑦誰に伝えているのか？（自分以外の誰か一人。ペットはＮＧ）

（その人は、自分が欲しいものを与えてくれている人なのか？　それとも邪魔をしている人なのか？　敵なのか、味方なのか？）

⑧伝える目的は？　その目的を達成するためのアクション動詞は？

⑨何が夢の達成を妨げているのか？

（自分自身：バイトが必要、お金がない、時間がない、友達がいない、勇気がない、人脈がない、性格的短所（具体的に）、トラウマ、家族との関係、外見 etc）

⑩ディテールは？（場所や、時間、状況など）

⑪なぜ今日、このときにこのモノローグを話さなければならないのか？　特別な日（普段と違う日）なのか？

できたら「今話さなければならない」緊急性を入れる。

例）

＊母へ

田舎に帰った時、帰京の前日、実家のリビングで

母から「芝居を辞めて、田舎に戻ってこい」と言われた。

＊父へ

病院で

父が危篤状態でベッドに寝ている。

＊恋人へ

誕生日のディナーの後、レストランで

「同棲しよう」と言われた。

＊恋人へ

深夜の公園で

恋人が別れ話を切り出した。

＊元恋人へ

同窓会の後、道端で

元恋人に近況を聞かれた。

＊学生時代いじめた人へ

同窓会の二次会のカラオケ、トイレの前で

馬鹿にされた。

＊親友へ

稽古の後、スタジオで

「俳優を辞める」と言っている

＊恩師へ

恩師のスタジオで

「引退する」と言っている。

実際にモノローグを演じるときは、誰に伝えているのか？ 伝える目的は何か？（アクション動詞 相手と関わる、巻き込む動詞を選ぶ）を意識します。

時間制限はありませんが、長過ぎると焦点がずれてしまうので、端的にまとめるようにしてください。

⬇想像上の設定と自分を繋げる勉強になります。

アメリカでのモノローグ

通常、モノローグは演技の勉強プログラムの最後に行います。なぜなら、とても難しいからです。舞台で相手役がいれば相手が助けてくれますが、一人きりで行うモノローグは話し始めたら最後、綱渡りのロープのように後戻りはできません。

アメリカの演劇のオーディションでは、大抵モノローグを演じさせます。従って、俳優は常日頃から、「古典・シリアス」、「古典・コメディ」、「現代・シリアス」、「現代・コメディ」各ジャンルの、自分にあったモノローグを用意しているものです。オーディションでは、演目によりいずれかのモノローグを指定されるので、俳優はそれに合わせて準備をしていきます。

日本ではまだまだオーディションなどでモノローグを演じさせることはありませんが、モノローグを見るとその俳優の資質、実力が、短時間で良く分かります。ちなみに、僕が初めてオーディションでモノローグをやった時は、緊張のあまり台詞を途中で忘れてしまいました。

日本でもモノローグがもっと当たり前に演じられるようになって欲しいと思います。

あとがき

ピンチはチャンスであり、すべてのことは起こるべくして起こる。ちょうど一年三ヶ月前、まさか自分がオンラインでクラスを開催することになろうとは、夢にも思いませんでした。

リアリズム演技の練習の根幹は、どんな時代になろうと変わりません。自分を使って役と繋がること。しかし時代とともに変化、変容していく部分もあります。演技の練習は生《なま》でなければならない、とこれまで当たり前に思ってきましたが、コロナ渦によってオンラインレッスンを余儀なくされ、その価値観を変えざるを得なくなりました。ところがいざオンラインでクラスを始めてみると、そこでしか得られなかったであろう発見、収穫が多々ありました。

良いものを後世に伝えていくには、時代と、価値観の変容に対応し、また順応していくことが大切だと感じます。先人達も、スタニスラフスキー・システムを根本とし、そこから各々が自身の経験や解釈を踏まえ、独自の練習法を編み出してきました。そしてそれらは今も、この時代に生きる多くの俳優たちに用いられ、素晴らしい演技を生み出す支えとなっています。

ここに収録されているのはモノローグのみですが、そのほかにもZOOMを使って即興演技をしてみるなど、オンラインレッスンは新たな演技訓練法を試す場となり、自粛要請という閉塞感の最中にありながら、とても生産的で有意義な時間を過ごすことができました。ここで得た経験はきっと、今後もBNAWの受講生や、僕を頼りにしてくれる俳優たちを助けるための足がかりとなるでしょう。コロナ渦で心身共に不安な中、このワークに参加してくれたBNAWの受講生、講師陣には心より感謝いたします。パソコンの前で過ごした皆との時間は、一生忘れません。

本書には収録出来ませんでしたが受講生の大森寛人、深澤しほ、戸張美佳、他五十名ほど、渡辺ミュージカル芸術学院一期生十七名、二期生十一名、新国立演劇研修所十六期生十六名、アクターズ・ヴィジョンマイズナークラス六名にもモノローグを書いてもらいました。参加して頂きありがとうございました。

俳優活動で多忙の中、根気強く校正に関わってくれた縄田カノン氏、大切な一文を訳して頂いた広田敦郎氏には感謝の気持ちでいっぱいです。
池村聡弁護士、宮谷隆弁護士のお二方には、ひとかたならぬご尽力を賜りました。お二人のご助力がなければこの本の出版はありませんでした。心からの感謝を申し上げます。また、出版を快諾して下さいました而立書房の倉田晃宏氏にも、衷心より御礼申し上げます。

本書には俳優自身が書いた、等身大の、多種多様なモノローグが詰まっています。本書が俳優諸氏の演技訓練のお役に立てれば幸いです。
今後、日本でのリアリズム演技のトレーニング方法が確立されていくことを切に願っています。そして、そのためにできることを引き続き模索していきたいと思います。

二〇二一年六月

ボビー中西

BNAW（Bobby Nakanishi Acting Workshop)

2007年にボビー中西がNY在住時にスタートした演技ワークショップ。2011年より東京をベースに青山治、土井宏明、野田英治、関幸治らとともに俳優育成をしている。

ボビー中西（中西正康）

BNAW主宰、演技講師、演出家、全米映画俳優組合員、舞台俳優組合員、NY・アクターズ・スタジオ生涯会員（日本人で2人目)、東京大学非常勤講師、新国立劇場演劇研修所マイズナー講師、渡辺ミュージカル芸術学院演技講師。

高校卒業後、コント赤信号に弟子入り。1990年から2011年までNYを拠点に活動。名門ネイバーフッドプレイハウスでサンフォード・マイズナーから直接演技指導を受ける。2007年より演技指導をスタート。水田伸生監督WSサポート、飯塚健監督WS主催、飯塚花笑監督、戸田彬弘監督とのコラボWS、大手事務所、個人レッスン多数。演技コーチとしてNetflix「全裸監督」（森田望智個人レッスン)、園子温監督「エッシャー通りの赤いポスト」、天野千尋監督「ミセス・ノイズィ」など多くの作品に携わる。2019年には演出を手掛けた「男が死ぬ日（作・テネシー・ウィリアムズ)」でバッカーズ演劇奨励賞プロデュース賞受賞。著書に「リアリズム演技」（而立書房)。

現在までに、子役、高校生、ダンサー、ミュージシャン、ミュージカル俳優、アイドル、モデル、ハリウッド俳優、アカデミー賞ノミネート俳優など、日本、世界で活躍する多くの俳優を指導している。その数は延べ8000人を超す。

ホームページ：https://bobbynact.com/

The モノローグ集 リアリズム演技を修得するための独白

2021年7月10日　初版第1刷発行

編　者　BNAW
発行所　有限会社 而立書房
東京都千代田区神田猿楽町2丁目4番2号
電話03（3291）5589／FAX03（3292）8782
URLhttp://jiritsushobo.co.jp
印刷・製本　中央精版印刷 株式会社

落丁・乱丁本はおとりかえいたします。

JASRAC 出 2104674-101
Printed in Japan
ISBN978-4-88059-430-9　C0074

ボビー中西　2018.5.25 刊

リアリズム演技　想像の設定の中で真実に生きるために ニューヨークで学んだこと

四六判並製
336 頁
本体 2000 円（税別）
ISBN978-4-88059-406-4 C0074

コント赤信号に弟子入り後、1990 年単身渡米。数多のハリウッド俳優を輩出するネイバーフッド・プレイハウスに学び、米国の TV、映画に出演。全身全霊で役作り、芝居作りに取り組んできた著者が、本場仕込みの演技術を開陳する演技の教科書。

スーザン・バトソン／青山 治 訳　2020.10.10 刊

TRUTH［真実］　「俳優養成」と「キャラクター創造」の技術 ペルソナ、ニード、トラジックフロー

四六判並製
352 頁
本体 2300 円（税別）
ISBN978-4-88059-423-1 C0074

ハリウッドやブロードウェイで引く手数多のスーザン・バトソンが、脚本の初見から本番の演技にいたるまで、キャラクター創造のプロセスをまとめた。物語を伝え、言葉から生命を作りあげる、俳優たちの心の内の挑戦が描かれている。

S・マイズナー、D・ロングウェル／仲井真嘉子、吉岡富夫 訳　1992.6.25 刊

サンフォード・マイズナー・オン・アクティング

四六判上製
424 頁
本体 2500 円（税別）
ISBN978-4-88059-170-4 C0074

俳優になるな。想像上の状況の中に存在するものに感応する人間になれ。演技しようとするな。演技は自然にされるんだ…。スタニスラフスキー理論をアメリカで積極的に実践し、多くのプロ俳優を輩出した演劇学校の 1 年間のドキュメント。

キース・ジョンストン／三輪えり花 訳　2012.2.25 刊

インプロ　自由自在な行動表現

四六判並製
368 頁
本体 2000 円（税別）
ISBN978-4-88059-361-6 C0074

即興演劇教育の第一人者キース・ジョンストンの主著にして、インプロ界のベストセラーの待望の邦訳。最高の演技とプレゼンテーションを生み出す方法がぎっしり詰まった、人を惹きつける表現者のためのバイブル。

アリソン・ホッジ／佐藤正紀ほか 訳　2005.11.25 刊

二十世紀俳優トレーニング

四六判上製
512 頁
本体 4000 円（税別）
ISBN978-4-88059-302-9 C0074

スタニスラフスキイなど 20 世紀を代表する演劇思想を俯瞰して、21 世紀の演劇を展望する――他にアドラー、バルバ、ブルック、チェーホフ、コポー、グロトフスキ、リトルウッド、マイズナー、ストラスバーグ、メイエルホルド、スタニェフスキなど。

ジーン・ベネディティ／松本永実子 訳　2008.7.25 刊

スタニスラフスキー入門

四六判上製
128 頁
本体 1500 円（税別）
ISBN978-4-88059-311-1 C0074

「システム」というものはない。自然があるだけだ。わたしの生涯の目的は創造の自然に近づくことである。――難解と言われるスタニスラフスキー・システムを、その成り立ちを踏まえ簡潔に解説する。初心者に格好の入門書。

マルコルム・モリソン／三輪えり花 訳

2003.12.25 刊
四六判上製
224 頁
本体 2500 円（税別）
ISBN978-4-88059-298-5 C0074

クラシカル・アクティング

古典劇（ソフォクレス、シェイクスピア、モリエール、イプセン、チェーホフ）をどう理解し、演ずるか。マルコルムはこの難問を見事に解いてくれる。現役俳優や演劇を志す人たちには必携。

テネシー・ウィリアムズ／広田敦郎 訳

2019.7.25 刊
四六判上製
160 頁
本体 2000 円（税別）
ISBN978-4-88059-414-9 C0074

西洋能 男が死ぬ日 他２篇

劇作家テネシー・ウィリアムズは 1950 年代後半から三島由紀夫と親交をもち、日本の芸術や文化に深い関心をよせた。その時期の戯曲３篇を本邦初訳。三島との対談「劇作家のみたニッポン」も併録し、作家の知られざる側面を照射する。

クレイグ・ポスピシル／月城典子訳

2018.3.25 刊
四六判上製
256 頁
本体 2000 円（税別）
ISBN978-4-88059-405-7 C0074

人生は短い／月日はめぐる

階級社会の子どもたち、悩めるティーンエイジャー、結婚の夢と現実、親子の確執、迫りくる老い……。人生の区切りごとに起こる変化や問題にスポットを当て、現代ニューヨークに生きる人々のシュールな人生模様を描いた短編連作コメディ。

キャロル・K・マック他 著／三田地里穂訳

2016.8.20 刊
四六判上製
296 頁
本体 2000 円（税別）
ISBN978-4-88059-394-4 C0074

SEVEN・セブン

いまこの地球上に、自らの人生を自らが選ぶ権利が夢でしかない女性たちがいることを知っていますか？　７人の米国女性劇作家と、７人の女性社会活動家が出会い、芸術と政治･社会活動が融合して誕生したドキュメンタリー・シアター作品。

ノエル・カワード／福田 逸 訳

2020.9.10 刊
四六判上製
288 頁
本体 2000 円（税別）
ISBN978-4-88059-422-4 C0074

スイートルーム組曲 ノエル・カワード戯曲集

20 世紀英国を代表する才人が最晩年に執筆・上演し、"自身最上の舞台"と絶賛した「スイートルーム組曲」。高級ホテルのスイートルームで、熟年の夫婦・愛人・給仕たちが織りなす、笑いあり涙あり、至言・名言が飛び交う極上の人間ドラマ。

谷 賢一

2019.11.10 刊
四六判上製
336 頁
本体 2000 円（税別）
ISBN978-4-88059-416-3 C0074

戯曲 福島三部作

第一部「1961 年：夜に昇る太陽」
第二部「1986 年：メビウスの輪」
第三部「2011 年：語られたがる言葉たち」

劇団 DULL-COLORED POP の主宰で、福島生まれの谷賢一が、原発事故の「なぜ？」を演劇化。自治体が原発誘致を決意する 1961 年から 50 年間を、圧倒的なディテールで描き出す問題作。第 23 回鶴屋南北戯曲賞、第 64 回岸田國士戯曲賞受賞。